Kinder
machen
Fußgymnastik

Kinder machen Fußgymnastik

Fußgymnastik-Fibel für Klein- und Schulkinder

Von Barbara Köhler und Heidi Reber

3., überarbeitete Auflage

Ferdinand Enke Verlag Stuttgart 1991

Barbara Köhler
Staatl. geprüfte und anerkannte Krankengymnastin,
Feldenkrais-Lehrerin,
Am Damm 4, D-5000 Köln 50

Heidi Reber
(Bachelor of Arts, University of Toronto),
Linz/Donau

Fotos:
Heidi Reber, Linz/Donau

Die Deutsche Bibliothek – CIP-Einheitsaufnahme

Kinder machen Fußgymnastik : Fußgymnastik-Fibel für
Klein- und Schulkinder / von Barbara Köhler und Heidi Reber.
3., überarb. Aufl. – Stuttgart : Enke, 1991
ISBN 3-432-91183-1
NE: Köhler, Barbara; Reber, Heidi

Satz und Druck: Druckerei Maisch + Queck, D-7016 Gerlingen
Filmsatz 11/12 Times, System 3/6

5 4 3 2

Vorwort

Der Fuß braucht zu seiner gesunden Entwicklung und zum Erhalt seiner Funktionsfähigkeit die freie Bewegung, ein gefährdeter oder formveränderter Fuß das gezielte Training.

Unsere zivilisatorischen Bedingungen und unser Klima bieten nur selten die Möglichkeit, unbeschuht auf natürlichem Boden zu gehen, um den Füßen freie Bewegung zu schaffen. Deshalb bedarf auch der gesunde Kinderfuß unserer Aufmerksamkeit und gezielter Maßnahmen zur Entfaltung und Stärkung all seiner Funktionen. In dem Maße, in dem der Kinderfuß nun schwach, gefährdet oder formverändert ist, steigt die Dringlichkeit des frühzeitigen, gezielten Übens, das eigentlich Aufgabe der Krankengymnastik ist. An vielen Orten fehlt jedoch die Möglichkeit einer krankengymnastischen Behandlung, und dort, wo es Krankengymnastinnen und Krankengymnasten gibt, muß die Betreuung durch sie meist den schweren Fällen vorbehalten bleiben.

Die Durchführung eines allgemeinen Fußtrainings zur Gesunderhaltung gesunder und zur Kräftigung gefährdeter Kinderfüße fällt somit weitgehend den Eltern und Erziehern zu. Dieses Buch leistet hierbei ausführliche und sachkundige Hilfe.

Neben einleitenden Artikeln über den gesunden und kranken Fuß wird über den Aufbau eines Trainingsprogramms berichtet und auf zahlreichen Bildern die Durchführung gezeigt. In der großen Anzahl der Bilder wird das Anliegen der Verfasserinnen deutlich.

Das Üben sollte vielseitig sein und Spaß machen.
Es soll nicht lästige Pflicht bedeuten, sondern zum freudebereitenden Tun werden.
Möge daher der fachunkundige Leser ruhig zuerst die Bilder betrachten und hinterher die theoretischen Kapitel lesen.

Professor Dr. W. M. Dörr, Aachen

Zu diesem Buch

Gehen wir weit genug zurück, so verdankt dieses Buch sein Entstehen der Fußschwäche des kleinen Mario. Mit dem Hinweis, daß Marios Füße bei regelmäßiger Fußgymnastik bis zum Schulalter eventuell gesund und kräftig werden könnten, verließen Mutter und Kind die Praxis des Orthopäden. In der darauffolgenden Zeit wurde mal mehr, mal weniger eifrig geübt. Zu den ursprünglich vom Orthopäden vorgeschlagenen Übungen gesellten sich neu erfundene, neu erfragte: Mario selbst und seine Schwester, seine Eltern, mitübende kleine Freunde und beratende Krankengymnastinnen sorgten dafür, daß immer neue Ideen in der täglichen Übungszeit verwirklicht wurden. Nach gut zwei Jahren bestätigte der Arzt eine deutliche Besserung, und nach drei Jahren war es soweit: Mario konnte mit normalen, kräftigen Füßen aus der Behandlung entlassen werden.

Der Gedanke lag nahe, die bunte Vielzahl der gesammelten Übungen auch für andere Kinder zur Verfügung zu stellen. Wir wenden uns somit an alle Eltern und Erzieher, denen die Füße der ihnen anvertrauten Kinder ein besonderes Anliegen sind, sei es durch Verordnung des Arztes oder durch den eigenen Wunsch, vorbeugend gegen Fuß- und Haltungsschäden zu wirken.

Unser herzlicher Dank gilt allen, die an der Entstehung dieses Buches beteiligt waren. *Eva, Mario* und *Gerhard Reber* danken wir für ihre geduldige Mitarbeit vor der Kamera; ebenso den Kindern *Carola Fürnweger, Daniela Fritz, Rolf Kienapfel, Jörg Spielbüchler* und *Bernhard Buchert* sowie deren Eltern für die freundliche Erlaubnis, Fotos ihrer Kinder in das Buch einzubeziehen. Ein besonderer Dank gilt *Margarethe Györgyfalvay,* die nicht nur zahlreiche Anregungen gab, sondern sich auch überreden ließ, fotografiert zu werden. Herrn *Siegfried Schamberger* danken wir für die naturgetreue Zeichnung der Fußskelette, Herrn Professor Dr. *Walter Dörr* für das Durchlesen der Erstfassung und das Vorwort, und nicht zuletzt Frau Dr. *Marlis Kuhlmann,* Ferdinand Enke Verlag, für ihre liebenswürdige Betreuung bei dem Versuch, möglichst vielen Kindern, Eltern und Erziehern eine Fußgymnastikfibel in die Hände zu geben.

Zur überarbeiteten Auflage

Wie schön, aus Gesprächen und Zuschriften von Lesern und Anwendern zu wissen, daß unser Buch mit Freude benutzt wird. Die positive und weitverbreitete Resonanz, die es gewonnen hat, entspricht ganz und gar der Hoffnung und Intention, mit unseren Anregungen viele Kinder auf dem Weg zu einer besseren „Fußgesundheit“ zu begleiten. Diese Zielsetzung wurde seit dem ersten Erscheinen des Buches von Kinderärzten, Orthopäden, Krankengymnastinnen und Pädagogen immer wieder aufgegriffen und im Gespräch mit den Eltern fußschwacher Kinder optimal gefördert. So gelangte das Buch rasch an die richtige Zielgruppe und leistet seitdem auf breiter Basis die beabsichtigte Hilfestellung.

Heute läßt sich feststellen, daß das Buch schon bei Erscheinen gewissermaßen „seiner Zeit voraus“ war. Bereits in der ersten Auflage hatten wir unsere Bedenken gegen das Tragen von Einlagen zwecks „Wachstumslenkung“[1] ausgesprochen und betont, daß im Gegenteil die Kräftigung der Fußmuskulatur durch häufiges Barfußlaufen und spielerische Fußgymnastik bei Fußschwäche absoluten Vorrang vor allen anderen Hilfsmaßnahmen hat. In der Zwischenzeit hat sich diese Überzeugung stark durchgesetzt.[2]

Auch in einer noch umfassenderen Hinsicht hat das Buch von Anfang an einem Trend der Zeit vorausgegriffen: Wir versuchen, Eltern und Pädagogen zu einer *ganzheitlichen Betrachtung* zu ermutigen. Zeigt ein Körperteil Schwächen, so genügt es nicht, diesen einen Körperteil isoliert zu betrachten und zu „behandeln“. Eine Gesundung gelingt besser und anhaltender, wenn der gesamte Organismus mit all seinen Kräften zur Selbsthilfe angeregt und dabei kontinuierlich unterstützt wird. Die „Hilfe von außen“ ist nichts weiter als der Katalysator, der uns auf den Weg zur Selbsthilfe bringt. In diesem Sinne haben wir auch bereits in der ersten Auflage betont, daß das Buch keine sklavisch zu befolgende Rezepte, sondern Anregungen bieten will, die mit eigenen Ideen zum individuell bestmöglichen Gesundungsprogramm ausgebaut werden können.

---

1 Vgl. „Knick-Senkfüße bei Kindern – Einlagen sind grundfalsch!“, Prof. Dr. *Erne Maier*, Medical Tribune Nr. 10 (1991).

2 Vgl. hierzu auch den Leserbrief von Dr. *Ernst Dünnweber* zu Professor *Maiers* Ausführungen. Medical Tribune Nr. 17 (1991), sowie die dadurch ausgelöste Diskussion in der Sondernummer, Medical Tribune (21. 5. 1991).

Den Übungsteil haben wir gegenüber früheren Auflagen unverändert belassen. Er ist, so wurde vielfach bestätigt, wirklich benutzbar, leicht verständlich und regt sowohl die Kinder selbst als auch die mitübenden Helfer zu eigenen Ideen an. Im theoretischen Teil haben wir die bereits oben erwähnten Aspekte noch ein wenig stärker und mutiger als bisher herauszuarbeiten versucht. Die eigenen Kräfte zu entwickeln, immer weniger abhängig zu werden von mechanischen und sonstigen äußeren Hilfsmitteln – das wünschen wir allen Benutzern des Buches.

Köln und Linz,
Sommer 1991

Barbara Köhler
Heidi Reber

Inhalt

Einführung

Unsere Kinder kommen zu 98% mit gesunden Füßen zur Welt. Aus Schulgesundheitsuntersuchungen aber wissen wir, daß gut 12% der Vor- und Grundschüler Fußschäden aufweisen[1]; d. h. jedes achte Kind dieser Altersstufe hat schwache, nicht leistungsfähige Füße. Mit den Jahren nehmen die Fußschäden noch zu und verschlimmern sich.

Dieses Buch zeigt, wie haltungsschwache und nicht leistungsfähige Füße gekräftigt und vor Dauerschäden bewahrt und gesunde Füße gesund erhalten werden können. Stellt der Arzt bei einer Vorsorgeuntersuchung oder auf Grund der sorgfältigen Beobachtungen der Mutter die Diagnose Fußschwäche, wird er immer aktive Fußgymnastik verordnen. Gewöhnlich kann in einer orthopädischen Fachpraxis das Übungsprogramm nicht ausführlich von dem behandelnden Arzt dargelegt werden. Mit einer sachgerechten schriftlichen Anleitung, die Stoff und Anregung genug für die langfristige Übungsbehandlung bietet, sei all denen geholfen, die die Verantwortung für diesen Teil der Gesundheitspflege unserer Kinder übernehmen wollen. An erster Stelle stehen hier die Eltern. Ihnen fällt in der Regel die Aufgabe zu, die verordnete Fußgymnastik durchzuführen. Außerhalb der Familie können Kindergärtnerinnen oder Turnlehrer die Fußgymnastik zum festen Bestandteil des Tages- oder Wochenprogramms werden lassen.

Im anschließenden theoretischen Teil dieses Buches ist das nötige Grundwissen als Voraussetzung für ein besseres Verständnis dieser Aufgabe dargelegt. Um uns den Wert und Nutzen der Füße als tragende und fortbewegende Körperteile bewußt zu machen, müssen wir mehr über ihren Bau und ihre Funktion wissen. Wie bei einem Werkzeug lernen wir aus dem Verständnis der Funktion erst den regelrechten Umgang. Im richtigen und vielseitigen Gebrauch dieser Werkzeuge, unserer Füße, vollzieht sich gleichzeitig ein natürliches und organisches Training. Wir stärken nicht allein die Muskulatur, sondern schulen gleichzeitig das Körpergefühl und steigern die Freude und den Drang nach Bewegung. Es fällt uns dann leichter, jede sich bietende Möglichkeit zur aktiven Körperbetätigung wahrzunehmen und die vielleicht anfängliche Pflicht wird zur wohltuenden Gewohnheit.

Die Diagnose Fußschwäche bezeichnet keinen schnell vorübergehenden Krankheitszustand, sondern eine über einen längeren Zeitraum verlaufende Entwicklungsstörung der Füße. So kann die Therapie

1 Vgl. „Dokumentation der schulärztlichen Untersuchung 1989 vom Institut für Dokumentation und Information, Sozialmedizin und öffentliches Gesundheitswesen (IDIS), Bielefeld (1989).

nicht kurzfristig sein. Nie kann Fußschwäche mit einer einmaligen Rezeptur über 10 oder 20 Behandlungen durch eine Fachkraft geheilt werden. Ein guter und bleibender Erfolg setzt also ein stetes Üben über mindestens eine Entwicklungsperiode (vgl. S. 10ff.) voraus. Das läßt bei einem kleinen Übungsprogramm Probleme ahnen. Denn aus der Erfahrung, besonders mit Kindern, wissen wir, daß alle Eintönigkeit jedes anfänglich noch so starke Interesse schnell erlahmen läßt. Diese Tatsache hat uns bewogen, den Übungsteil ausgiebig zu gestalten mit einer Vielzahl von Übungen, auch wenn sie sich im Bewegungsablauf oft ähneln. So brauchen wir z. B. die gleichen Muskeln, wenn wir ein Tuch einkrallen oder uns durch Zehenkrallen vorwärts bewegen, wenn wir auf einem Besenstiel balancieren oder dazu einen gerade verfügbaren Gartenschlauch nutzen. Wir bemühten uns nicht nur, interessante Übungen zu finden, sondern wir wollen den Kindern zeigen, was sie alles mit ihren Füßen machen können und sie zu eigenen Ideen anregen. Wenn Kinder ihre Füße nicht nur in isolierende Schuhe verpackt gebrauchen, sondern lernen, mit den Füßen zu fühlen, zu tasten, zu streicheln, zu greifen, zu balancieren, können sie ein besseres Körperbewußtsein entwickeln. Die Füße werden leistungsfähiger, sie tragen das Körpergewicht elastischer und harmonischer, so daß der gesamte Bewegungsablauf positiv beeinflußt wird.

Bei manchen Übungen wird es dem Leser schwer fallen, sie als Fußübungen zu identifizieren. Bewußt zeigen wir Übungen, die zwar auch die Kraft, die Ausdauer und die Geschicklichkeit der Füße schulen, bei denen aber der ganze Körper in der Koordinationsfähigkeit trainiert wird und zusätzlich im Üben der Wahrnehmung neue Reize und Impulse empfängt. Bei schwacher Fußmuskulatur wird sich auch immer die Anregung der gesamten Motorik bewähren.

Theoretischer Teil

Beschreibung des Fußes

Anatomische Beschreibung

Häufig finden wir den menschlichen Fuß mit einem Bogen verglichen, der von einer Sehne gespannt wird. Ist die Sehne nicht oder nur wenig gespannt, wird auch die Wölbung des Bogens flach sein. Spannen wir die Sehne kräftig, steigert sich die Wölbung des Bogens proportional zur Spannkraft der Sehne.

Ähnlich verhält es sich mit unserem Fuß. Der Bogen wird von den fünf Fußwurzelknochen, dem Kahnbein, dem Würfelbein und den drei Keilbeinen gebildet, die festgelenkig miteinander verbunden sind. Nach rückwärts endet der Bogen in der Ferse, die aus dem Sprung- und dem Fersenbein gebildet wird. Nach vorne schließen sich die fünf Mittelfußknochen an, zwischen denen sich das Quergewölbe spannt. Nur die Köpfchen des ersten und fünften Mittelfußknochens haben Bodenkontakt. Jedem Mittelfußknochen ist eine Zehe mit drei Zehengliedern vorgelagert. Eine Ausnahme bildet die Großzehe mit nur zwei Gliedern. An der Basis ihres Gelenkes mit dem ersten Mittelfußknochen, das wir Großzehenballen nennen, liegen zwei knochenähnliche Gebilde, zwei sogenannte Sesambeine. Sie ermöglichen den Bodenkontakt des Großzehenballens als Hauptbelastungspunkt beim Abrollen der Fußsohle. Der Außenballen hat mit dem Außenrand weit weniger Bodenkontakt und ist nur mit einem derb-elastischen Fettpolster geschützt.

Skelett des rechten Fußes von innen

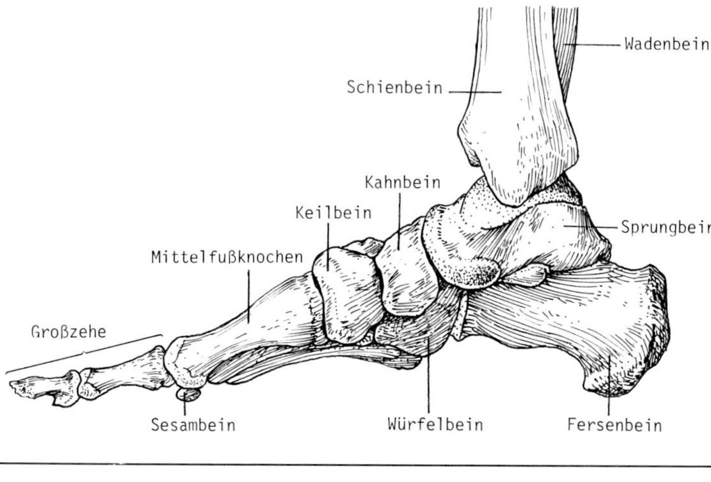

Skelett des rechten Fußes von vorne

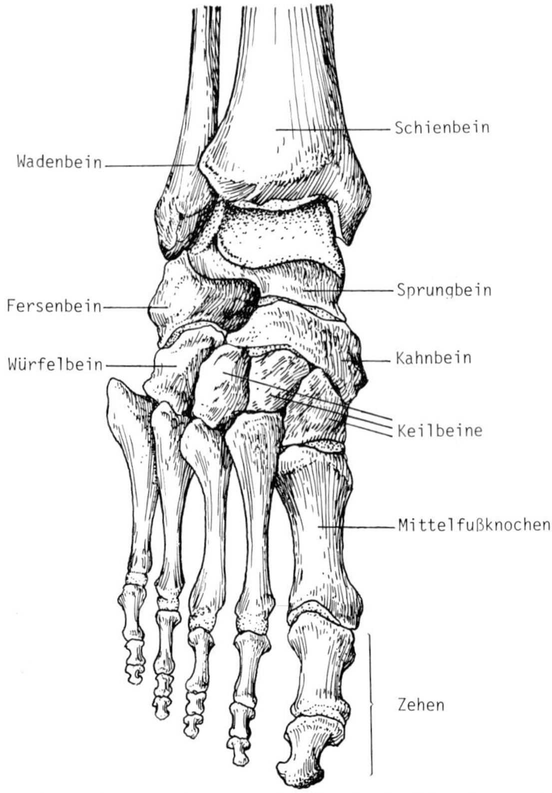

Der Unterschenkel sitzt mit der Schienbein-Wadenbeingabel dem Sprungbein auf. Ein sehniger Bandapparat verbindet alle Knochen miteinander. Er verhindert bei normaler Kräfteeinwirkung eine Überdehnung und Verrenkung der Gelenke.

Kehren wir zu dem Bild mit der Sehne und dem Bogen zurück. Die Funktion der Sehne übernimmt am Fuß die Muskulatur. Hier seien nur die zwei wichtigsten Muskelgruppen erwähnt. Die stärkere Gruppe zieht von der Wade kommend am Innenknöchel vorbei auf der Fußsohle zu den Zehen. Sie hebt den Fuß in den Zehenstand, richtet die Ferse auf, spannt den Bogen und beugt die Zehen. Die weniger kräftige Gruppe der Fußheber entspringt an der vorderen Schienbeinkante und zieht zum Fuß- und zu den Zehenrücken.

Funktionelle Beschreibung

Zwei Gesichtspunkte erscheinen uns bei der Betrachtung der Füße besonders wichtig:

1. Die vielfältigen Bewegungsmöglichkeiten

Die zahlreichen Gelenke unserer Füße mit ihren unterschiedlichen Achsen ermöglichen Bewegungen in allen drei Dimensionen.

Bewegungen im Knöchel:
Im oberen Sprunggelenk, das aus der Schienbein-Wadenbeingabel und dem darunter befindlichen Sprungbein gebildet wird, findet das Heben und Senken des Fußes statt. Wenn wir den unbelasteten Fuß kräftig einwärts drehen, kommt es gleichzeitig zur Hebung des Innenrandes, sowie bei einer Auswärtsdrehung zur Hebung des Außenrandes. Diese Drehbewegungen laufen in dem Gelenk zwischen Sprung- und Fersen- und Kahnbein ab, dem sogenannten unteren Sprunggelenk.

Bewegungen in den Zehengelenken:
In den Zehengelenken sind die Beuge- und Streckbewegungen vorherrschend. Sehr Geschickte können die Zehen etwas spreizen. Die Beugemuskeln ziehen wie ein Fächer über die Fußsohle, spannen die Gewölbe und halten die Ferse aufrecht.

Beim Gehen, wenn die Fußsohle auf dem Boden abrollt, laufen alle Gelenkbewegungen und Muskelanspannungen vom Knöchel zu den Zehen hin ab. Dabei kommt es bei einer gegenläufigen Drehbewegung des Rückfußes gegen den Vorfuß gleichzeitig zu einem leichten Verformen, das dem Auswringen eines Tuches gleicht. Diese Verwringung bewirkt den Schwung und die Elastizität des Längsgewölbes und befähigt den Fuß zur dynamischen Übernahme des Körpergewichtes. Im Stand ruht auch der trainierte Fuß und ist – je nach Konstitution – flacher als in der Fortbewegung.

Der Preis für diese große Beweglichkeit liegt in einem Mangel an Stabilität der Knochen und Bänder, des passiven Bewegungsapparates. Die Muskulatur, der aktive und trainierbare Teil des Bewegungsapparates, trägt die Verantwortung für die gute Haltung.

2. Die extreme Belastung

Da die Füße an der Basis des Körperschwerpunktes liegen und ein Fuß jeweils im Wechsel mit dem anderen das volle Körpergewicht übernimmt, müssen wir von einer außerordentlich hohen Belastung sprechen. Bei keinem anderen Körperteil finden wir auch nur annähernd ähnliche Verhältnisse. Nur ein ausgewogenes Muskelgleichgewicht ist auf die Dauer diesen extremen Belastungsverhältnissen gewachsen. Geringste Veränderungen eines Teiles dieser funktionellen Einheit ziehen Veränderungen der Gesamtheit des Fußes nach sich.

Entwicklung des Fußes

In den ersten zwei Jahren

Der gesunde Fuß eines Neugeborenen zeigt ein kaum sichtbares inneres Längsgewölbe, das vom Sohlenspeck fast verdeckt wird. Das äußere Längsgewölbe und das Quergewölbe sind noch nicht entwikkelt. Die beiden Fußsohlen stehen einander zugewandt. Der Vorfuß läßt sich nahe zum Schienbein nach oben beugen, weit weniger nach unten strecken. Im Laufe der ersten Lebensmonate nimmt der Bewegungsausschlag zum Schienbein hin ab.

Während des ersten Lebensjahres haben Säuglinge O-Beine, sogenannte physiologische O-Beine, die aus der Entwicklung und Reifung des Skeletts zu erklären sind. Im Verlauf des zweiten Lebensjahres streckt sich die Beinachse und formt sich zu einem X-Bein um, das bis etwa zum sechsten Lebensjahr bestehen bleibt. Je nach Konstitution und Erbanlage sind die Achsenabweichungen stärker oder schwächer ausgeprägt. Immer aber sind sie seitengleich, d. h. die Achse des einen Beines entspricht genau der des anderen. Der Kinderarzt wird bei den Vorsorgeuntersuchungen rechtzeitig Abweichungen von der Norm feststellen und das Kind gegebenenfalls an den Facharzt weiterleiten. Dabei kann ihm die Mutter mit ihren Beobachtungen behilflich sein.

Gegen Ende des ersten Lebensjahres beginnt das Kind zu stehen. Die Füße sind jetzt noch so weich, daß sie unter der auch nur kurzfristig übernommenen Last des Körpers in den Gelenken nachgeben. Wir können nun beobachten, wie das Kind vielerlei Arten des Stehens ausprobiert, was oft sehr abenteuerlich aussieht. Manche Kinder versuchen sogar auf den Fußrücken zu stehen. Alle aber trainieren die kleinen Füße ausgiebig im Zehenstand, bis sich die sensorische Wahrnehmung so weit entwickelt hat, daß die Füße spüren, wie sie am besten stehen können. Dieser wunderbaren, so spontanen Eigenaktivität unserer Kinder können wir im wahrsten Sinne des Wortes einen guten Boden bieten. Erlauben wir ihnen, sich diesem Spiel und Training barfuß, also ohne reizmindernde Fußbekleidung, so oft hinzugeben, wie es die Umstände auch nur irgend zulassen (vgl. auch S. 23).

Im Kleinkindalter

Während der Entwicklung vom Kleinkind zum Schulkind sollten wir den Füßen besondere Aufmerksamkeit widmen. Die O-Beinachse des Säuglings hat sich zur X-Beinachse umgeformt. Dies bedeutet eine starke Beanspruchung für den noch weichen kindlichen Fuß. So kommt es zwangsläufig unter der Belastung zu einem mehr oder minder stark ausgeprägten Abflachen der Gewölbe und einem Kippen der Ferse nach außen. Wenn wir in diesem Alter von einem statisch bedingten Knicksenkfuß sprechen, so bedeutet dies keine eigentliche Fehlhaltung, sondern eine im Normalfall vorübergehende Entwicklungsstufe. Verschiedene Ursachen können aber ein Verharren in dieser Entwicklungsstufe zur Folge haben. Bei Übergewicht oder ererbter Muskel- und Bänderschwäche wird sich dieser entwicklungsbedingte Knicksenkfuß stärker zeigen. In diesem Falle sollte er vom Facharzt in mindestens vierteljährlichen Abständen kontrolliert werden (vgl. auch S. 34).

Wir beobachten an unserem Kind jetzt eine heftige Bewegungsfreude. Ständig verändert es seine Stellung und Fortbewegungsart. In keinem Alter ist die Neugierde und Energie größer, neue Bewegungsformen und Bewegungsmöglichkeiten zu entdecken. Jedes gesunde Kleinkind wird bei den ersten Stehversuchen oft auf den Zehen stehen – so trainiert es instinktiv seine Fußmuskulatur. Es will hüpfen, laufen, springen. Das Kind verlangt nach ausgiebigen Bewegungsfreiräumen, damit es die volle Funktion der Füße erfahren kann, damit sie kräftig werden und die Gewölbe sich gut entwickeln können. Geben wir unserem Kind jetzt die Chance, ohne Schuhe die neu eroberte Umwelt zu erfahren. Jede Art von Fußbekleidung behindert freies Zehen- und Gelenkspiel, die Aufrichtung des Fußes und den unmittelbaren Kontakt der Füße mit der Umwelt. Die Bewegungseinschränkung durch die Schuhe empfindet das Kind als unangenehm. Wie oft beobachten wir die bemerkenswert eifrigen Versuche der Kleinkinder, lästige Schuhe und Strümpfe loszuwerden. Wir sollten dies unbedingt als gesunde und natürliche Reaktion werten.

Im Winter können wir die kleinen Füße durch weiche Strümpfe oder Socken, die eventuell mit einer nicht rutschenden Sohle versehen sind, vor Kälte schützen. Bei durchschnittlichen Temperaturen in geheizten Räumen braucht der Fuß keine schützende und wärmende Kleidung, ebensowenig wie die Hände. Über Schuhe sprechen wir später noch ausführlich (vgl. S. 23).

Im Schulalter

Ist unser Kind zum Schulkind herangewachsen, hat sich die mehr oder weniger auffällige X-Beinachse zur geraden Beinachse gestreckt. Das innere Längsgewölbe ist nun schon deutlich sichtbar. Die Ferse steht gerade, so daß die Achillessehne mit dem Unterschenkel eine Senkrechte zur Bodenebene bildet. Die endgültige Fußform ist erst mit 12 bis 14 Jahren erreicht. Das ist wichtig für uns zu wissen, weil wir im Wettlauf mit der Zeit jetzt noch gute Möglichkeiten haben, die Füße zu formen und zu trainieren.

In der Pubertät

Bis zum Alter von etwa 12 bis 14 Jahren sind die Füße voll entwickelt, und die Gewölbe haben ihre endgültige Form erreicht. Ist die Muskulatur kräftig und elastisch, so haben wir allen Anlaß, anzunehmen, daß keine späteren Fußschäden auftreten.

Der Wachstumsschub der Pubertät, der Gestaltwandel, bedeutet auch für die Füße vermehrte Anforderungen. Gesteigerte Müdigkeit und Laufunlust sind Zeichen verminderter Belastbarkeit. Diesen Symptomen sollten wir Rechnung tragen, ohne zu vergessen, daß ein ausgewogenes Training die Leistungsfähigkeit der Fußmuskulatur nur fördern kann. Gerade in diesem Alter des physischen und psychischen Wandels ist eine sinnvolle Stimulation notwendig. Negative Einwirkungen durch falsche, einengende Schuhe können schlimme Folgen haben, denn die Muskulatur ist im Gegensatz zum Skelett noch nicht ausgereift.

Testfragen zur Beurteilung der Füße

Wir haben nun die unterschiedlichen Formen der Beinachsen und Gewölbe während der einzelnen Altersstufen kennengelernt. Bei der Beurteilung der Füße können sich trotz dieser Kenntnisse Schwierigkeiten ergeben. Bleibt das spezifische Erscheinungsbild einer Entwicklungsstufe über einen bestimmten Zeitraum hinaus bestehen, z. B. das O-Bein des Säuglings bis ins Kleinkindalter oder der Knicksenkfuß des Kleinkindes bis ins Schulalter, so dürfen wir nicht versäumen, dies vom Facharzt beurteilen und kontrollieren zu lassen. Ist die Ursache eine verzögerte Entwicklung innerhalb der Norm oder eine allgemeine Muskel- und Bänderschwäche, so kann der Knicksenkfuß im Sinne dieses Buches behandelt werden. Verbergen sich jedoch hinter diesen Zeichen echte krankhafte Veränderungen, bedürfen sie einer intensiven, durch Fachkräfte überwachten Therapie.

Anhand folgender Testfragen können wir Signale, die eine Kontrolle der Füße dringlich erscheinen lassen, besser erkennen.

In den ersten zwei Jahren

- Hat das Kind am Ende des zweiten Lebensjahres noch O-Beine? Mit anderen Worten, ist beim Stehen der Abstand der Knie doppelt so groß wie der Abstand der Knöchel?

Im Kleinkindalter

- Hat das Kind im Alter zwischen drei und sechs Jahren so starke X-Beine, daß der Knöchelabstand beim Stehen mit geschlossenen Knien mehr als sechs Zentimeter beträgt?
- Sind die Beine unsymmetrisch, d. h. ist ein Bein stärker im X-Sinne abgeknickt als das andere?
- Sind die Schuhe nach kurzer Zeit einseitig abgelaufen, z. B. vermehrt an den inneren Spitzen oder der Innenkante der Absätze? Einseitig abgelaufene Schuhsohlen deuten in jedem Alter auf eine Fehlbelastung des Fußes.
- Zeigt der Fuß Druckstellen, Rötungen oder sogar Hühneraugen?
- Stolpert das Kind häufig „über die eigenen Füße"?

Im Schulalter

- Hat das Kind mit sieben Jahren noch X-Beine, d. h. zeigt es im Stehen einen Knöchelabstand von mehr als drei Zentimetern bei geschlossenen Knien?
- Ist im Stehen die Ferse nach außen gekippt und ist das innere Längsgewölbe flach?
- Sind die Beine unsymmetrisch, d. h. ist ein Bein stärker im X-Sinne abgeknickt als das andere?
- Sind die Schuhe nach kurzer Zeit einseitig abgelaufen, z. B. vermehrt an den inneren Spitzen oder der Innenkante der Absätze? Einseitig abgelaufene Schuhsohlen deuten in jedem Alter auf eine Fehlbelastung des Fußes.
- Zeigt der Fuß Druckstellen, Rötungen oder sogar Hühneraugen?
- Stolpert das Kind häufig „über die eigenen Füße"?
- Zeigt das Kind schnelle Ermüdbarkeit beim Gehen und/oder sogar Schmerzen, z. B. an der vorderen Schienbeinkante?

In der Pubertät

- Hat das Kind noch X-Beine, d. h. zeigt es im Stehen einen Knöchelabstand von mehr als drei Zentimetern bei geschlossenen Knien?
- Ist im Stehen die Ferse nach außen gekippt und ist das innere Längsgewölbe flach?
- Sind die Schuhe nach kurzer Zeit einseitig abgelaufen, z. B. vermehrt an den inneren Spitzen oder der Innenkante der Absätze? Einseitig abgelaufene Schuhsohlen deuten in jedem Alter auf eine Fehlbelastung des Fußes.
- Zeigt der Fuß Druckstellen, Rötungen oder sogar Hühneraugen?
- Zeigt das Kind schnelle Ermüdbarkeit beim Gehen und/oder sogar Schmerzen, z. B. an der vorderen Schienbeinkante?

Erscheinungsformen, Ursachen und Folgen der Fußschwäche

Jedes Mißverhältnis zwischen Belastbarkeit und Belastung führt zu Fehlhaltungen. Schwache Fußmuskulatur arbeitet zu unkoordiniert, um den Beanspruchungen des täglichen Lebens nachkommen zu können. Der Fuß gibt unter der Last des Körpers nach, die gegenläufigen Drehbewegungen des Rückfußes gegen den Vorfuß verlieren an Dynamik und die Gelenke geraten unter der Belastung aus ihren physiologischen Achsenstellungen. In späteren Jahren verliert die Muskulatur unter der dauernden Überbeanspruchung die Fähigkeit, sich zu entspannen, sie wird hart und unelastisch: es entsteht der sogenannte Hartspann. Die Durchblutung sinkt mit steigender Verspannung und Stoffwechselschlacken lagern sich ein. Die Leistungsfähigkeit nimmt mehr und mehr ab, so daß der passive Bewegungsapparat unphysiologischen Dauerbelastungen ausgesetzt wird. Diese führen immer zu frühzeitigem Verschleiß. Jede Fußfehlhaltung ist, solange sie keine krankhaften Veränderungen an den Knochen, Bändern und Muskeln verursacht hat, korrigierbar.

Der Knickfuß

Er ist die leichteste Form der Fußfehlhaltungen. Das Sprungbein gleitet unter der Belastung nach innen. Dies äußert sich in einem Abknicken der Ferse nach außen, so daß sich die Innenknöchel nähern und die Achillessehne die typische X-Form zeigt.

Der Knicksenkfuß

Durch die enge Verflechtung der vielfältigen Gelenke am Fuß senkt sich daraufhin das innere Längsgewölbe. Die unmittelbare Abhängigkeit der Stellung der einzelnen Fußknochen zueinander hat diese Kettenreaktion zur Folge. Durch das Absinken des Längsgewölbes wird der Vorfuß vermehrt nach außen gedrängt und der Kleinzehenballen angehoben. Um die ganze Fußsohle wieder auf die Erde zu bringen, muß der Großzehenballen angehoben werden. Diese Ausgleichsbewegung führt zu dem folgenschweren Entwringen des Vorfußes gegen den Rückfuß (s. o.) und einem Absinken des Längsgewölbes.

Der Spreizfuß

Bei dem Spreizfuß weichen die Mittelfußknochen auseinander und das Quergewölbe flacht ab. Die Mittelfußköpfchen gewinnen Bodenkontakt, worauf die Fußsohle mit Schwielenbildung reagiert. Eine unangenehme Begleiterscheinung sind Fehlstellungen der Zehen, die je nach Verformung als Hammer-, Krallen- oder Klauenzellen bezeichnet werden.
Im allgemeinen Sprachgebrauch ist der Ausdruck „Plattfuß" ein Sammelbegriff für die oben beschriebenen Erscheinungsbilder.

Ursachen der Fußschwäche

Das Mißverhältnis zwischen Belastung und Belastbarkeit kann mehrere Ursachen haben. Je vielfältiger die Ursachen, desto ausgeprägter sind die Folgen.

An erster Stelle steht die Bindegewebsschwäche. Hierunter verstehen wir eine angeborene herabgesetzte Haltefähigkeit des gesamten passiven Bewegungsapparates. Die Anzeichen sind überstreckbare Gelenke (z. B. Ellenbogen- oder Fingergrundgelenke) und im späteren Alter besteht die Neigung zu Krampfadern und Hämorrhoiden. Zusätzlich hat auch die Muskulatur eine verminderte Spannung.

Die Bindegewebsschwäche wird, sicher nicht grundlos, mit unserer Zivilisation in Verbindung gebracht. Künstliche Umweltbedingungen und Zivilisationskost bieten keine ausreichende Grundlage für eine gesunde Entwicklung. Quantitative und qualitative Bewegungsarmut (Auto, Fernseher, harter Boden und Straßen) und mangelnder Temperaturwechsel (Heizung, Klimaanlagen) hindern die Entwicklung einer leistungsfähigen Muskulatur und einer gesunden Reaktionsbereitschaft und Abwehrkraft.

In Kombination mit der Bindegewebsschwäche finden wir in der Praxis häufig Übergewicht als Ursache von Fußfehlhaltungen. Auch hier liegen die Wurzeln in den Umweltbedingungen, wie sie oben beschrieben sind (Bewegungsarmut – Bewegungsunlust – Trägheit – Übergewicht). Die Summe dieser beiden Ursachen hat besonders auffällige und negative Folgen und äußert sich in ausgeprägten Fehlhaltungen.

Übergewicht kann auch ohne Bindegewebsschwäche auftreten. Fehlernährung durch unsere Zivilisationskost ist für den wachsenden Organismus immer eine unnötige und zusätzliche Beanspruchung.

Längere Zeiträume der erzwungenen Entlastung (z. B. Bettruhe oder Gipsverbände nach Brüchen) können Fußfehlhaltungen auslösen. Durch das mangelnde Training unter der Entlastung verliert die Muskulatur an Spannkraft und kann bei einer Wiederbeanspruchung den Forderungen nicht spontan nachkommen. Durch schrittweises Auftrainieren werden die Symptome (schnelle Ermüdbarkeit und eventuelle Schmerzen am Schienbein oder den Füßen) schnell abklingen. Die Muskulatur gewinnt ihre Kraft und Ausdauer zurück und wir können weitere Folgen ausschließen.

Beruflich bedingte Dauerbelastungen führen häufig zu Beschwerden im Sinne von Fußfehlhaltungen. Gerade auf die noch nicht voll stabilisierte Fußmuskulatur des Jugendlichen wirken sich einseitige Beanspruchungen (wie z. B. langes Stehen) negativ aus.

Auf die Ursachengruppe der Verletzungen sei hier nicht näher eingegangen, weil dies den Rahmen dieses Büchleins sprengen würde. Eine Fußfehlhaltung, die durch Verletzungen, Vernarbungen, Lähmungen oder ähnliches entstanden ist, bedarf immer einer differenzierten ärztlichen Behandlung und gegebenenfalls einer krankengymnastischen Nachbehandlung.

Folgen der Fußschwäche

Die Folgen von Fußfehlhaltungen stellen eine Kettenreaktion mit räumlicher und zeitlicher Ausdehnung dar. Wie oben beschrieben, ziehen schon sehr geringe Veränderungen eines Teils dieser funktionellen Einheit Veränderungen der Gesamtheit nach sich.

Das Absinken des Längsgewölbes erzwingt eine Drehung des Unterschenkels nach innen, die das Knie mit einbezieht. Die physiologische Belastungsachse gerät aus dem Gleichgewicht, wodurch die Kniegelenksflächen erhöhter Abnutzung ausgesetzt werden. So besteht bei einem Knicksenkfuß entsprechenden Ausmaßes immer die Gefahr verfrühter arthrotischer Veränderungen.

Eine besonders bei Frauen anzutreffende Folge eines gestörten Muskelgleichgewichtes am Fuß ist die Schiefzehe (Hallux valgus). Die Großzehe weicht zur Mitte hin ab und schiebt sich über oder auch unter die zweite Zehe. Bei diesem Fußschaden ist eine ständige Verschlechterung besonders wahrscheinlich. Im chronischen Stadium, in dem der Ballen mit dauernder, sehr schmerzhafter Druckempfindlichkeit gegen die Schuhe, mit Entzündungen und mit Durchblutungsstörungen reagiert, ist eine konservative Behandlung meist sehr langwierig. Sie benötigt viel Geduld und sicher mehrere Behandlungsansätze. Zu empfehlen ist z. B. die Kombination eines ausgewogenen Übungsprogramms (Übungen Nr. 2, 3, 6, 14, 47, 51, 53, 55) mit pysikalischen Maßnahmen wie z. B. Eichenrindefußbädern. Vor allem ist auf entlastende flache Schuhe ohne Ballendruck oder spitze Form zu achten. Eine Operation bringt auf lange Sicht häufig nicht die gewünschte Schmerzfreiheit. Diese Maßnahme sollte sehr genau überlegt werden und es ist dringend zu empfehlen, vorher vielseitige Informationen einzuholen.

Ist die gesamte Muskulatur in ihrer Funktion völlig überfordert, so kann sie den Haltungsverfall des Fußes nicht mehr aufhalten. Spätestens jetzt treten Schmerzen als Warnsignale auf, anfangs nur unter der Belastung, später, wenn durch die ständige Überforderung Muskelhärten und Hartspann am Schienbein, an der Wade und auf der Fußsohle entstanden sind, auch in Ruhestellung. Innerhalb dieses Teufelskreises wird das Körpergewicht direkt von dem passiven Bewegungsapparat übernommen. Die Bänder, Gelenkkapseln und Knorpel werden unmittelbar beansprucht und überfordert. Die Fußsohle sinkt, dem Druck des Körpergewichtes nachgebend, auf die Erde; die Gelenke geraten aus ihren Gefügen, werden schmerzhaft und versteifen. Wir sprechen jetzt von dem kontrakten Plattfuß. Die Behandlung ist langwierig und nur teilweise erfolgreich.

In der Spätfolge von Fußfehlhaltungen können sich Krampfadern und Durchblutungsstörungen entwickeln. Beim Laufen wirken die Muskelkontraktionen wie eine Pumpe auf den Blutrückstrom. Sowohl bei erhöhter als auch bei verminderter Muskelspannung ist dieser Pumpeffekt herabgesetzt. Beim Stehen entfällt er sogar völlig, so daß es (z. B. bei Bindegewebsschwäche) durch den Staudruck zur Ausweitung der Venen (Krampfadern) und Durchblutungsstörungen kommt. Dieser einmal begonnene Teufelskreis hat sehr leicht die Tendenz, sich zu verschlechtern.

Da nicht nur der Fuß, sondern der ganze Körper eine Einheit ist, haben die beschriebenen Erscheinungsbilder immer auch ihre Wirkung auf den gesamten Organismus.

Das Absinken der Fußgewölbe zieht u. U. eine Verlagerung des Körperschwerpunktes nach sich. Das physiologische Gleichgewicht (geringste Muskelaktivität zur Erhaltung des Gleichgewichtes) geht verloren und nicht immer gelingen ökonomische Ausgleichsbewegungen. Die Muskulatur ist an den Ausgleichsstellen zu erhöhter Aktivität gezwungen, was sich in einer Dauerspannung der betroffenen Muskulatur äußert. Bei Knicksenkfüßen z. B. entstehen mit fortschreitendem Alter Muskelverspannungen im Lendenbereich. Bei Kreuzschmerzen kann daher die Ursache eventuell in einer Fehlhaltung der Füße vermutet werden.

Wann sind Einlagen zu empfehlen?

Aus dem bisher Gesagten geht hervor, daß sich gesunde Füße dann voll entwickeln können, wenn sie – wie der gesamte Organismus – genügend Stimulation und Gelegenheit zum Training bekommen. Jede Stütze, jede „Hilfe“ mindert die Reize und hemmt die Entwicklung funktionsfähiger, belastbarer Füße. So behindert das zu frühe Tragen von Einlagen den Organismus des Kindes in seinem unermüdlichen Bestreben, Kenntnisse und Erfahrungen zu sammeln.

In sehr seltenen Fällen von allgemeiner Muskelschlaffheit können Einlagen eine gewisse Hilfe bieten. Machen wir uns aber bewußt, daß nie nur die Füße allein Zeichen von herabgesetzter Muskelspannung und Kraft zeigen, sondern immer der gesamte Organismus von dieser Symptomatik betroffen ist.

In Zeiten der unstimmigen Belastung, wie z. B. während längerem Stehen im Beruf (Bäcker- oder Kellnerlehrling) oder auch nach ausgedehnter Bettlägerigkeit sind individuell angepaßte Einlagen durchaus zu erwägen. Es ist sinnvoll, diese dann nur vorübergehend oder während belasteter Tageszeiten zu tragen. Benutzt das Kind oder der Jugendliche diese helfenden Stützen aber dauernd und ohne anregendes und ausgleichendes Training, so werden seine Füße unweigerlich zu schwachen Füßen mit all ihren Folgeerscheinungen.

Abgrenzung zur Pathologie

Die im Übungsteil enthaltenen Vorschläge sind ausschließlich bei Fußschwäche und den daraus entstehenden Haltungsfehlern der Füße angebracht, nicht bei krankhaften Veränderungen. Bei allen Haltungsfehlern ist ursächlich immer die Muskulatur beteiligt und die Beweglichkeit der Gelenke bleibt uneingeschränkt.

Nur im Endstadium des Haltungsverfalls des Fußes, dem sogenannten kontrakten Plattfuß, versteift der Fuß auf Grund der Gelenkverstellungen.

Zu der Gruppe der krankhaften Veränderungen zählen alle Mißbildungen und knöchernen Fehlformen mit den daraus entstehenden Gelenkversteifungen und Muskelversagen, sowie die zerebral bedingten Fehlformen. Die Mißbildungen haben ihre Ursache in Keimfehlern oder Zwangslagen in der Gebärmutter. Die zerebral bedingten Fehlformen entstehen durch eine Schädigung des zentralen Nervensystems.

Verletzungen der Knochen, Bänder und Nerven können ebenfalls zu krankhaften Veränderungen führen und weitere Folgen für die Muskulatur haben, bis hin zur Lähmung.

Alle krankhaften Veränderungen lassen sich nicht spontan aus ihrer pathologischen Fehlform lösen und sind meist auch röntgenologisch nachzuweisen. Daraus ergibt sich, daß sie grundsätzlich einer längerfristigen und umfassenden ärztlichen Behandlung bedürfen. Sie sind in keinem Falle mit dem Übungsprogramm dieses Buches zu behandeln. In einigen Fällen kann der Arzt oder die Krankengymnastin zusätzliche Übungen aus diesem Buch vorschlagen.

Praktischer Teil

Schuhe

Die erste Fußbekleidung

Ziehen wir einem gesunden Krabbelkind die ersten Strümpfe an, wird es je nach Temperament über kurz oder lang die gut gemeinte Fußbekleidung in alle Winde zerstreut haben. Aus Sorge vor Erkältung in unserem mitteleuropäischen Klima versuchen wir mit allen Tricks wie Knoten, Schleifen und Bändern bis hin zu Verboten und Strafen diese natürliche Reaktion unseres Kindes zu unterbinden.

Ebensowenig wie Handschuhe sollten wir dem Kind eine Fußbekleidung aufzwingen. Ein Krabbelkind, das die ersten Ansätze zum Aufrichten und Laufenlernen macht, darf nicht durch Strümpfe oder Schuhe dabei behindert werden. Niemand käme auf die Idee, ein Kleinkind das Greifen mit Handschuhen lernen zu lassen. Wissenschaftliche Ergebnisse bestätigen, daß sich die stereognostischen Fähigkeiten der Hände, durch Berühren Formen und Gegenstände zu erkennen, nur durch den tatsächlichen Gebrauch der Hände und der daraus entstehenden Stimulation entwickeln. Eine Hand, die aus welchen Gründen auch immer nicht greift, entwickelt diese Fähigkeit nicht, sie bleibt „blind“ und „taub“. Mit den Füßen verhält es sich ebenso. Auch sie brauchen für die Entwicklung ihrer Funktion, dem Stehen und Gehen, die uneingeschränkte Bewegungsfreiheit und den unmittelbaren Haut- und Bodenkontakt. Stecken wir sie schon im frühen Alter in reizmindernde Kleidung wie Schuhe oder auch dicke Strümpfe, so beeinträchtigen wir durch die so verminderte Anregung und Reizeinwirkung die Entfaltung der angeborenen Leistungsfähigkeit. Die Füße lernen nicht, den wachsenden und immer schwerer werdenden Körper gegen die Schwerkraft elastisch fortzubewegen und zu tragen. Vertrauen wir ruhig der Natur, die unsere Füße mit einer sehr guten Durchblutung und speziell Baby- und Kleinkinderfüße mit einem schützenden Fettmantel austattet.

Bei Teppichboden, dem Naturboden unserer Zeit, erübrigt sich die Frage nach einem Kälteschutz. Sind die Räume schlecht geheizt, ist der Fußboden kalt und sinkt die Hauttemperatur der Füße wesentlich unter die der Hände, können wir mit Socken nachhelfen. Es versteht sich von selbst, daß diese nicht eng anliegen dürfen, das Zehenspiel nicht behindern sollen und Bänder und Verschnürungen die Durchblutung nicht einschränken dürfen. Spielt das Kind häufig auf glattem festem Boden, können wir auf die Socken eine Sohle aus dünnem, festem Schaumgummi nähen, damit es nicht ausrutscht. Diesen Kompromiß können wir beim Laufenlernen gerade noch zulassen, aber er bietet nicht die ideale Voraussetzung.

Wann kaufen wir die ersten Schuhe?

Schuhe dienen dem Schutz vor Verletzungen, Wärmeverlust, Schmutz und Nässe. Schuhe braucht unser Kind also erst, wenn es im Freien läuft und wir seine Füße vor diesen Dingen schützen müssen.

Schuhe dienen *nicht* dem Schutz vor Überanstrengung, sollen also keine Stütze sein, wie unsere Eltern noch glaubten. Wenn ein Kind müde Füße hat, will es nicht mehr laufen, sondern sich ausruhen und neue Kräfte sammeln, so wie es nicht mehr sitzen mag und sich hinlegt, wenn sein Rücken müde geworden ist. Jede Mutter weiß inzwischen, wie schädlich es ist, das Kind mit Rückenlehne sitzen zu lassen. Gesund entwickelte Kinder machen ihre Belastungsgrenze ebenso deutlich wie ihren Bewegungsdrang. Beidem müssen wir, wollen wir eine gute Entwicklung fördern, Rechnung tragen.

Die richtige Schuhgröße

Ein gut sitzender Schuh ist wie eine zweite Haut. Der Kinderfuß ist weich und geschmeidig, er reagiert auf zu enge Schuhe nicht mit Schmerzen. Nie dürfen wir uns auf die Empfindungen unserer Kinder verlassen, weil sie uns nicht sagen können, ob und wo der Schuh drückt, denn ihre Füße geben dem Druck des Schuhes weich nach. So brauchen wir objektive Anhaltspunkte. Die richtige Schuhgröße kann nur durch Messen der Fußlänge und der Fußbreite im Stehen ermittelt werden, wobei der längere Fuß maßgebend ist (oft ist z. B. der rechte Fuß stärker entwickelt).

Die richtige Schuhlänge wird bestimmt durch die Länge des Fußes, die Schublänge und die Zuwachslänge. Legen wir z. B. einen Bleistift dicht vor den linken Großzeh und machen mit dem rechten Fuß einen Schritt nach vorne, so schiebt der linke Fuß den Bleistift etwa 8–10 mm nach vorne: dies ist die sogenannte Schublänge. Die Zuwachslänge beträgt circa 6 mm, um den stets wachsenden Kinderfuß nicht einzuengen.

Für die kleineren Füße unseres Laufanfängers errechnen wir die Schuhlänge aus der Länge der belasteten Füße und einer Schub- und Zuwachslänge von insgesamt 10 mm. Proportional zur Länge der Füße ist die Schublänge in diesem Alter groß, weil das Muskel- und Bindegewebe noch sehr weich ist. Erst ab etwa Größe 31 beträgt die Schub- und Zuwachslänge 15 mm.

Ebenso wichtig wie die Berechnung der Schuhlänge, aber leider in Fachgeschäften oft unbeachtet, ist die Bestimmung der Ballenbreite. Ist der Schuh bei richtiger Länge zu weit, und rutscht der Fuß bei jedem Schritt nach vorne, so entsteht leicht der Eindruck, daß der Schuh zu groß ist, weil er mit der Ferse schlappt. Kauft nun die Mutter die Schuhe eine Nummer kleiner, sind sie zu kurz. Sitzt der Schuh in der Weite, d. h. liegt er dem Ballen gut an, bleibt den Zehen beim Gehen die volle Schub- und Zuwachslänge. Der Fuß rutscht nicht nach vorne und die Zehen können nicht gegen die Schuhkappe gestaucht werden.

In guten Fachgeschäften steht uns das WMS-Meßgerät zur Verfügung, das die passende Schuhgröße, die bereits die Schub- und Zuwachslänge enthält, und auch die Fußbreite ermittelt. Manche Hersteller bieten drei Weiten an (W = weit, M = mittel, S = schmal), die für 90% aller Kinder die richtige Wahlmöglichkeit garantieren. Nicht viele Fachgeschäfte bieten die ausgefallenen Weiten an, so daß die Suche nach dem auch in der Weite passenden Schuh oft mühsam und zeitraubend ist. Versuchen wir, uns nicht von einer „Fachkraft“ zur Einheitsgröße M überreden zu lassen. Ein anfangs eng sitzender Schuh wird bei gutem Material eher zum gut sitzenden als ein von vornherein zu weiter. Bei Kindern mit sehr schmalen Füßen muß eventuell eine lange Suchzeit in Kauf genommen werden. Ist kein WMS-Gerät vorhanden[1] oder fehlen Schuhe mit diesen Normangaben, können wir uns mit einem Trick helfen. Wir stellen zu Hause unser Kind auf ein Blatt Papier und zeichnen die Umrisse der Füße nach. Wichtig ist dabei, daß das Kind wirklich auf beiden Füßen *steht!* Den Umriß des längeren Fußes schneiden wir aus und legen ihn in den neu zu kaufenden Schuh. Mit den Fingern fühlen wir die Länge ab und stellen fest, ob 10 bis 15 mm, je nach Alter des Kindes, vorne im Schuh Platz ist. Ist die Papiersohle an irgendeiner Stelle umgebogen, ist der Schuh auf alle Fälle zu klein. Stößt die Sohle in Ballenbreite an die Schuhränder, paßt er in der Weite. Merken wir uns: im Zweifelsfall lieber ein *enger* Schuh bei ausreichender Länge als ein *zu weiter* Schuh bei ausreichender Länge.

Das Material

Die Qualität des Schuhes ist auch vom Material abhängig. Das Obermaterial, das Futter und die Futtersohle sollten unbedingt aus Leder oder einer anderen Naturfaser sein. Besonders in Turnschuhen

---

1 In den neuen Bundesländern und in Ostberlin ist eine flächendeckende Versorgung in absehbarer Zeit nicht zu erwarten.

ist zu empfehlen, die üblichen, eingeklebten Kunststoffsohlen durch solche aus Naturfasern zu ersetzen. Im Winter und auch im Sommer haben sich Lammfellsohlen wegen ihrer temperaturausgleichenden Wirkung sehr bewährt. Alle Naturfasern, und ganz besonders Lammfell, saugen die natürliche Hautausdünstung auf und beugen Schweißfüßen vor. Dasselbe gilt für die oft unumgänglichen Gummistiefel, in denen man auch dicke Socken und Sohlen aus Naturfasern tragen kann.

Die Form

Die Form des Schuhes sollte den natürlichen Umrissen des belasteten Fußes entsprechen. Jeder Druck von außen führt früher oder später zu Druckstellen, zu Hühneraugen oder zu Formveränderungen. Modische Aspekte der Form dürfen gerade beim Kinderschuh keine Rolle spielen. So soll auch der Absatz eine gleichmäßige Belastung garantieren, also 1–2 cm nicht überschreiten.

Wie fest soll der Schuh sein?

Der Schuh soll mit dem Fuß gehen, er soll sich den Bewegungen des Fußes anpassen. Das bedingt eine flexible Sohle, die das Abrollen des Fußes zuläßt, ein bewegliches Knöchelgelenk, das den Bewegungen des Knöchels weich nachgibt, also *keine* starre, mit der Sohle verbundene Fersenkappe hat (die z. B. den Zehenstand verhindern würde) und ein nicht starres Oberleder, das den Vorfuß weich umschließt und die Zehen nicht einengt. Es erübrigt sich auch die Frage nach einer Gelenkstütze: der Fuß braucht keine Stütze, sie würde die natürliche Entwicklung nur behindern.

Wie oft braucht das Kind neue Schuhe?

Die Füße von Kleinkindern können in acht Wochen um eine ganze Schuhgröße wachsen (circa 6–7 mm). Sind wir unsicher, ob die Schuhe noch passen, können wir unverbindlich alle acht Wochen in einem Fachgeschäft mit einem WMS-Meßgerät nachmessen lassen. Der Fuß eines Schulkindes wächst im Schnitt pro Jahr um zwei bis drei Größen, der älterer Kinder um 1–2 Größen. Da die vom Schuh aufgesaugten, normalen Hautausdünstungen nicht über Nacht austrocknen können, braucht unser Kind Schuhe zum Wechseln. Das ist teuer, aber billig im Blick auf vermeidbare Fußschäden und Schweißfüße.

Oft entsteht die Versuchung, ein Paar kaum getragene Schuhe an ein kleineres Kind weiterzuvererben. Hüten wir uns vor dieser teuren Sparmaßnahme! Schon nach kurzer Zeit ist die individuelle Fußform in dem Schuh eingeprägt. Sie würde bei einem kleineren „Erben" Druckstellen verursachen und Fehlanpassungen auslösen.

Wenn Winterstiefel den oben beschriebenen Bedingungen entsprechen sollen, dürfen sie in jedem Fall nur eine Saison getragen werden.

Noch ein Wort zu unseren Kaufgewohnheiten. Neigen wir nicht eher dazu, für einen attraktiven Anorak oder Mantel ein paar Mark mehr auszugeben als für qualitativ gute Schuhe? Während die Oberbekleidung das Wachstum des Körpers nicht beeinträchtigen kann, hängt die Gesunderhaltung der Füße wesentlich von der Paßform und der Qualität der Schuhe ab. Trotzdem sind die Schuhe oft die Stiefkinder unseres Kleidungsbudgets. Andererseits werden oft noch „Sonntagsschuhe" gekauft. Sie sind ein teurer Luxus, wenn sie wirklich nur so lange getragen werden, wie sie richtig passen.

Halten wir noch einmal fest: die Füße können sich nur in richtig angepaßten Schuhen gut entwickeln und gesund bleiben.

Motivation

Im theoretischen Teil haben wir Eltern vieles über die Füße unserer Kinder erfahren. Die Einsicht, die uns dieses Wissen vermittelt, ist ein wichtiger Schritt, denn wir sind nun „motiviert“: wir verstehen, welch positive Wirkung die regelmäßige Fußgymnastik hat, und sind bereit, damit zu beginnen. Wie sich die kleinen Füße betätigen sollen, um kräftig und gesund zu werden, können wir gemeinsam mit unserem Kind im folgenden Übungsteil lesen und anschauen. Mit der theoretischen Grundlage und den genauen Übungsanleitungen allein ist allerdings nur ein Teil der Hilfeleistung gegeben, die dieses Buch bezweckt. Eltern, die mit ihrem Kind Fußgymnastik betreiben müssen oder wollen, haben die Aufgabe, ihre eigene, aus der Sachkenntnis und dem Wunsch nach gesunden Füßen für ihre Kinder entstandene Motivation auf die Kinder zu übertragen. Zusätzlich muß der eigene tatkräftige Entschluß über den langen Zeitraum hinweg aufrecht erhalten werden, der zur Gesundung und Kräftigung der Füße notwendig ist.

Bei beiden Aufgaben sollen die folgenden Abschnitte Hilfe leisten. Sie sind in erster Linie als Erfahrungsbericht „von Mutter zu Mutter“ zu betrachten. Krankengymnastinnen, Kindergärtnerinnen, Turnlehrer und andere, die berufsmäßig mit Kindern zu tun haben und entschlossen sind, neben ihren vielfältigen anderen Aufgaben auch etwas für die Füße der Kinder zu tun, werden im Laufe ihrer Praxis eigene Methoden zur Ermunterung der Kinder entwickeln.

Zunächst müssen wir uns vor Augen halten, daß ein Kind nicht wie ein Erwachsener durch Einsicht motiviert werden kann. Dies trifft um so stärker zu, je jünger es ist und je mehr sich diese Einsicht auf weit in der Zukunft liegende Ereignisse bezieht. Auch ein Schulkind, dem man die Zusammenhänge erklärt, hat noch nicht lange genug gelebt, um einen sich über Jahre hinweg erstreckenden Heilungsprozeß als Ursache und Wirkung (Ursache: Fußgymnastik, Wirkung: gesunde Füße) zu erkennen. Es kann nur kurzfristige Ursache-Wirkung-Vorgänge erfassen. Bei kleineren Kindern ist die Zeitspanne noch kürzer. Auch ist die Willenskraft des Kindes noch nicht genug entwickelt, um aus einer Ursache-Wirkung-Erkenntnis entsprechende Handlungen abzuleiten. Das Argument: „Wir müssen Fußgymnastik machen, weil sonst deine Füße nicht gesund werden“ reicht also nicht aus, wir müssen uns mehr einfallen lassen.

Anfangs ist ein Kind begeistert bei der Sache: erstens ist etwas Neues immer interessant, zweitens erlebt es mit Freude, daß sich die Mutter vermehrt mit ihm beschäftigt. Ihre Aufmerksamkeit, die es sonst mit vielen Personen und Dingen teilt, gilt während der Gymnastikzeit ausschließlich dem Kind. Das ist an sich schon erfreulich. Damit nun der Spaß an der Sache erhalten bleibt, möchten wir vorschlagen, daß sich die Mutter, oder wer auch immer mit dem Kind übt, über die folgenden Punkte Gedanken macht.

Wie oft und wie lange sollen wir üben?

Wie bei jeder Gymnastik ist es besser, täglich kurze Zeit zu üben als ein- oder zweimal in der Woche ausgiebig. Am besten wäre es, täglich eine viertel bis halbe Stunde Fußgymnastik zu betreiben. Fangen wir aber bescheidener an: auf dem Kalender werden vier Wochentage vermerkt, an denen wir üben wollen. Spätestens nach einer halben Stunde, die wir eventuell mit einem Kurzzeitwecker markieren, ist die Fußgymnastik offiziell beendet. Hat das Kind dann noch Lust, weiterzumachen, so ist gegen die Wiederholung einiger Übungen nichts einzuwenden. Beginnt man die Fußgymnastik mit einem sehr kleinen Kind, ist eine halbe Stunde zu lang, wenn ständige Konzentration gefordert wird, aber zu kurz, wenn das Kind zwischen den Übungen frei spielt.

Die Tageszeit, zu der wir üben, ergibt sich zum Teil aus den übrigen Pflichten und Terminen der Mutter und des Kindes, sofern es bereits die Schule oder den Kindergarten besucht. Bei Kleinkindern ist es oft besser, sich nicht stur an eine gewisse Tageszeit zu halten, sondern eher mal eine Lücke im Spiel abzuwarten, einen Zeitpunkt, zu dem das Kind munter und tatendurstig ist, aber nicht gerade in ein Spiel vertieft. Für Schulkinder, die sich schon an die Einteilung des Tages gewöhnt haben und die auch in der schulfreien Zeit eigenen Interessen nachgehen wollen, ist es wohl praktischer, eine Gymnastikzeit in den Tagesablauf einzuplanen.

Was haben nun solche Überlegungen mit Motivation zu tun? Die fixen Wochentage helfen uns, nicht im Wirbel des Alltags die Fußgymnastik zu vergessen. Sie erinnern uns immer wieder an die Wichtigkeit des regelmäßigen Übens. So schnell die Wochen vergehen, so schnell entwickeln sich die Füße – da ist es schade um jeden versäumten Übungstag. Die zeitliche Beschränkung, eventuell markiert mit einem Kurzzeitwecker, begünstigt eine konzentrierte Arbeitsatmosphäre, die sich wiederum positiv auf die Lust an der Sache auswirkt. Eine gewisse Flexibilität in der Tageszeit bei Kleinkindern ermöglicht es uns, einen günstigen Zeitpunkt abzuwarten, an dem das Kind nicht etwa gerade müde oder schlecht gelaunt ist. Dagegen hilft die fixe Tageszeit bei älteren Kindern über so manche Unlust hinweg, die andernfalls eventuell im Laufe der Wochen und Monate zur Vernachlässigung des Übens führen würde. Das kennen wir Erwachsene zu Genüge aus eigener Erfahrung!

Ort und Kleidung

Oft wird empfohlen, bei Gymnastik mit Kindern einen bestimmten Ort, also zum Beispiel ein Zimmer oder eine Zimmerecke, bestimmte Kleidung, bestimmte Hilfsmittel (wie etwa eine Matte) *immer* zu benutzen. Bei manchen, insbesondere kleineren Kindern, die Wiederholungen und Ritualen besonders zugetan sind, hilft dies tatsächlich bei der Konzentration. Ein Ritual wie „umziehen, Matte holen, Matte ausbreiten“ erleichtert ihnen den Übergang vom freieren Spiel zu einer geplanten Tätigkeit. Bei den von uns vorgeschlagenen Übungen ist aber Abwechslung wichtig: wir benutzen *nicht* immer die gleiche Zimmerecke, denn wir brauchen mal mehr, mal weniger Platz; wir wählen mal einen festen, mal einen weichen Boden, wir üben auch draußen, im Gras, in der Sandkiste, beim Waldspaziergang, in der Badewanne. So ist auch keine spezielle Kleidung notwendig. Unsere Kinder tragen ohnehin immer bequeme, lockere Kleidung, so daß keine weitere Vorbereitung nötig ist, als Schuhe und Strümpfe auszuziehen.

Belohnung

Belohnungen in der Form von Süßigkeiten, Spielsachen, Geld und ähnlichem brauchen wir bei der Fußgymnastik in der Regel nicht. Wir haben schon erwähnt, daß jedes Kind die ungeteilte Aufmerksamkeit der Mutter zu schätzen weiß – allein schon deshalb kann die Fußgymnastikzeit schön und belohnend sein. Dazu kommt das angenehme Körpergefühl, das viele Übungen auslösen. Denken wir daran, wie gut es zum Beispiel tut, sich mal tüchtig gestreckt zu haben, oder an einem warmen Tag barfuß durch kühles Gras zu laufen. Ist es nicht auch herrlich, mit den Füßen in der Sandkiste zu buddeln und sie dort verschwinden zu lassen? Das macht sogar Erwachsenen Freude. Ganz zu schweigen von dem königlichen Spaß, mit bloßen Füßen durch frischen Schnee zu laufen, und sich nachher gegenseitig kräftig warmzurubbeln! Wenn wir die Gymnastik regelmäßig mit einer Fußmassage beenden (vgl. S. 120ff.), verschaffen wir unserem Kind auch dadurch angenehme Körpergefühle.

Für kleinere Kinder, deren Drang zur Nachahmung stark ist, wirkt es schon belohnend, dasselbe zu tun, was die Mutter vormacht. Oft kann man beobachten, daß sie, allein von diesem Nachahmungseifer angefeuert, sogar ohne Lob auskommen. Freilich wird die Nachahmung oft nur annähernd richtig sein. Das fällt dem kleinen Kind nicht weiter auf, genauso wenig wie es merkt, ob etwa beim nachahmenden Tun mit Besen und Schaufel der Boden sauber wird.

Das ältere Kind nimmt dagegen sehr wohl wahr, wie perfekt oder mangelhaft es eine Übung ausführt. Bei dem Versuch, die Mutter oder das Foto möglichst genau nachzuahmen, kann es sich im Laufe der Zeit immer besser konzentrieren. Helfen wir ihm, sich an seinen mit der Zeit erarbeiteten Fortschritten zu freuen und beständig, aber gelassen an sich zu arbeiten, ohne von Mißerfolgen zu sehr entmutigt zu sein. Sowohl das Gefühl der Konzentration als auch die Entspannung und die Freude danach wirken sehr belohnend!

Es ist nötig, schwierige Übungen langsam aufzubauen. Im Anhang (S. 129) zeigen wir, welche Vorübungen nötig sind, um die im Text als „mittel“ (○) oder „schwer“ (●) gekennzeichneten Übungen zu schaffen. Bleiben wir konsequent, wenn das Kind unbedingt ohne die nötige Vorarbeit eine dieser Übungen versuchen will. Darf es dann endlich heran an das verlockend Schwere, so haben wir eine weitere Belohnung herbeigeführt: das Gefühl, durch eigene Vorarbeit reif für etwas zu sein, das bisher vorenthalten wurde.

Ganz besonders stark motivierend wirkt es, wenn es dem Kind selbst gelingt, neue Spiele mit den Füßen zu erfinden. Das Foto im Schaukelstuhl auf S. 32 zeigt, welch überraschende „Übungen“ dabei zustande kommen. Hand aufs Herz – wären Sie als Erwachsener auf die Idee gekommen, Salzteig mit den Füßen auszurollen? Auch die Übung „Wäsche trockenblasen“ auf S. 88 wurde von Kindern erfunden. Solche lustigen Einfälle geben viel Auftrieb. Wir können ihr Entstehen sehr fördern, wenn wir die Kinder so oft wie nur irgend möglich barfuß laufen und spielen lassen.

Es kann trotz aller Freude an der Sache vorkommen, daß ein Übungstag mal nicht gelingt. Vielleicht hat der Erwachsene schlechte Laune, oder es bedrücken ihn andere Sorgen, so daß er sich nicht mit der gewohnten Ruhe und Freundlichkeit dem Kind widmen kann. Auch seitens des Kindes kann es mal zu Unlust, Quengeligkeit, „Sich-Verweigern“ kommen. Wir nehmen solche Störungen, ob sie nun von uns selbst oder vom Kind ausgehen, am besten gelassen hin und lassen uns nicht entmutigen! Bald kommt wieder ein neuer Übungstag. Hauptsache ist, langfristig bei der Sache zu bleiben und unser Ziel – die gesunden, kräftigen Füße – nicht aus den Augen zu verlieren.

Wer kann noch mitüben?

Eine erfrischende Abwechslung ist es, wenn ab und zu der Vater, die Geschwister oder Freunde, gleich welchen Alters, mittun. Das bringt neue Ideen, neue Impulse, neue Motivation. Natürlich kann das Mitwirken anderer Kinder auch zu Problemen führen – wenn etwa die Gymnastikzeit zur Toberei ausartet, oder das fußschwache Kind zu stark abgelenkt oder durch die zur Schau getragene Überlegenheit anderer entmutigt wird. Der mitübende Erwachsene wird schnell erkennen, ob es u. U. doch besser ist, beim nächsten Mal wieder nur zu zweit zu üben.

Was können wir außerhalb der Gymnastikzeit für die Füße tun?

An erster Stelle steht das regelmäßige, häufige Barfußgehen. Erlauben wir es dem Kind so oft es nur irgend geht, vor allem auch auf

Hier zeigt Eva, wie Kinder, die barfuß gehen dürfen und durch Gymnastik „fußbewußt“ wurden, bei Spielen aller Art spontan die seltsamsten „Übungen“ erfinden.

Naturboden. Tun wir es auch selber! Es ist erstaunlich, wie oft das Barfußgehen möglich ist, wenn wir uns erst einmal den automatischen Griff nach dem Schuh oder Hausschuh abgewöhnt haben. Die Angst vor Erkältung und vor möglichen Verletzungen ist meist viel größer als gerechtfertigt. Wir wissen nun, daß unsere Füße mit einer sehr guten Durchblutung ausgestattet sind und können erfahren, daß sich durch häufiges Barfußgehen eine zähe „Indianersohle" entwickelt. Sind Schuhe unumgänglich, so achten wir darauf, daß es die richtigen sind (S. 23ff.).

Ebenso wichtig ist es, dem Kind insgesamt so viel Bewegungsraum wie nur irgend möglich zu geben. Haben wir eine Stadtwohnung, so lassen wir vielleicht öfter als bisher die Hausarbeit liegen, damit wir mit dem Kind und seinen Geschwistern oder Freunden auf den Spielplatz, in den Park, in den Wald oder zum Strand gehen können. Haben wir einen Garten, so schauen wir darauf, daß das Kind ihn möglichst viel nutzen und barfuß darin spielen darf! Oft vertun wir gedankenlos Zeit mit nebensächlichen Dingen, die viel weniger wichtig sind als Spiel- und Bewegungszeit in der Natur.

Versuchen wir aber auch darüber hinaus, insgesamt allmählich zu einer gesünderen Lebensweise für die ganze Familie hinzufinden. Denken wir an den Körper, beobachten und lernen wir und probieren wir immer wieder aus, was ihm gut tut. Alles, was uns insgesamt gesünder und zufriedener macht, kommt auch den Füßen zugute. Sportliche Betätigung, ausreichend Zeiten der erholsamen Entspannung, möglichst optimale Bedingungen für die Nachtruhe, viele Gelegenheiten zum Lachen, zum Schmusen und zur Freude – wie hilfreich ist das alles!

Von erstrangiger Bedeutung ist die richtige Ernährung, die zur Entwicklung gesunder Füße genauso beiträgt wie zum Gedeihen des ganzen kleinen Menschen. In diesem Punkt herrscht noch viel Verwirrung: Zu viele zum Teil sich widersprechende Meinungen hört man zu der Frage, wie die optimale Ernährung des Menschen aussehen sollte. Da muß man als Mutter oder Vater oft den gesunden Menschenverstand einsetzen, der erstaunlich oft zu denselben Erkenntnissen führt, die unter Ernährungsspezialisten kaum umstritten sind. Dazu zählt mit Sicherheit die Einsicht, daß möglichst viele nicht denaturierte, d. h. durch die Zubereitung wenig veränderte und nicht lange gelagerte Lebensmittel zur Verwendung kommen sollen. Wenn frisches, rohes Obst und frisches, rohes oder schonend gegartes Gemüse sowie Vollkornbrot und Gerichte aus vollwertigem, mit Gemüsen und/oder Milchprodukten kombiniertem Getreide den größten Raum in unserem Speiseplan einnehmen, ist schon viel gewonnen. Besonders wertvoll ist Obst, Gemüse und Getreide aus biologischem Anbau. Die

Suche nach entsprechenden Quellen lohnt sich! Gelingt es uns nach und nach, den Verzehr von raffiniertem Zucker – auch in Form von Schokolade, Limonaden usw. – von raffinierten Fetten, von Fleisch und Fleischprodukten und von Fertigprodukten aller Art stark zu reduzieren, sind das weitere großartige Schritte. Möglicherweise führt die zunehmende Verbreitung denaturierter und schlecht zusammengesetzter Nahrung in der Generationenfolge zu immer häufigerer und stärkerer Anfälligkeit für die verschiedenen Entwicklungs- und Funktionsstörungen, auch des Bewegungsapparates. Setzen wir dieser bedauernswerten „Zivilisationserscheinung" unseren Willen zur Gesundheit entgegen!

Die ärztliche Betreuung

Insbesondere die Zeit unserer Orthopäden ist so oft mit schwierigen Fällen bis zum Rande ausgefüllt, daß sie bei weniger ernsten Fällen versäumen, der Mutter einen nächsten Besuchstermin vorzuschlagen. Hier müssen wir selbst aktiv werden und etwa alle drei bis vier Monate die Wartezeit in der Praxis freiwillig auf uns nehmen. Solche Besuche geben, wenn ein gutes Verhältnis zum Arzt besteht, immer wieder neuen Anstoß, neue Anregungen und Mut zum Weitermachen. Ideal ist es, wenn das Kind zeigen darf, was es gelernt hat. Fußschwäche und Fußschäden können nur durch die intensive Arbeit der Kinder und Mitarbeit der Eltern behoben werden. Der Arzt kann uns optimal helfen, wenn er unsere aktiven Bemühungen unterstützt.

Wettlauf mit der Zeit

Unsere Kinder entwickeln sich unerhört schnell. Wie wir gesehen haben, sind auch die Füße nur bis zu einem gewissen Alter gesundungsfähig. Mit dem Entschluß zur Fußgymnastik nehmen wir einen Wettlauf mit der Zeit auf. Trotzdem, so paradox es auch klingen mag: unser Erfolg ist um so sicherer, je langsamer und konsequenter wir die Sache angehen. Wappnen wir uns mit Geduld und lassen wir das Kind spüren, daß wir auf sein individuelles Lernvermögen eingehen.

Wie sprechen wir mit dem Kind über die Übungen?

In diesem Buch sind die Begleittexte zu den Fotos so formuliert, daß Kinder ab etwa vier Jahren beim Betrachten des Bildes und gleichzeitigem Hören des Textes verstehen, um was es bei der Übung geht und sie meist richtig ausführen. In Einzelfällen wird die Mutter einen im Foto schwer zu erfassenden Bewegungsvorgang zeigen müssen. Die Fotos haben einen starken Aufforderungscharakter für das Kind, so daß außer dem Vorlesen des Textes wenig einführendes Gespräch nötig ist. Damit die Gymnastikzeit nicht durch Blättern im Buch verkürzt wird, können wir die für den Tag vorgesehenen Übungen mit Papierstreifen kennzeichnen. Haben wir eine Anzahl solcher Zeichen mit Nummern versehen, so können wir sie immer wieder verwenden.

Aufbau und Planung des Übungsprogramms

Überlegen wir nun, wie wir eine „Übungsstunde" gestalten können. Dieses Buch bietet bewußt kein Schritt-für-Schritt-Programm und auch keine Altersangaben zu einzelnen Übungen, denn nur das individuelle Eingehen auf ein Kind ermöglicht die optimale Zusammenstellung einer Übungsfolge. So ist ein Mindestmaß an eigener Vorbereitung unumgänglich. Zur Erleichterung dieser Aufgabe machen wir einige Vorschläge.

1. Die einzelnen Übungen sind mit einem Schwierigkeitsgrad gekennzeichnet:

○ = leicht
O = mittel
● = schwer

Es versteht sich von selbst, daß nur mit leichten Übungen begonnen und je nach Fortschritt des Kindes ganz langsam gesteigert wird.

2. Die Übungen sind außerdem wie folgt gegliedert:

I	Übungen ohne Gerät	(1–29)
II	Übungen mit allerlei Gegenständen	(30–67)
III	Übungen im Freien	(68–79)
IV	Fußmassage	
V	Gruppenspiele, Wettspiele und Lieder	

3. Beherrscht das Kind eine Anzahl von Übungen, so können wir daraus eine „Serie" bilden, die von nun an den Anfang einer jeden Gymnastikzeit bildet.

Das Wetter und das Vorhandensein der vorgeschlagenen Gegenstände wird bestimmen, welche Übungen wir jeweils auswählen.

Ein Beispiel: 1, 8, 6, 7, 3, 5, 4

Diese leichte Serie ohne Gerät können wir im Haus oder im Freien durchführen. Günstig ist es, wenn die Anfangsserie aus schnellen, kräftigen Bewegungen besteht, die erwärmend wirken.

Eventuell gelingt es, auf einer Schallplatte oder Kassette ein Musikstück zu finden, dessen Tempo und Rhythmus für die Serie geeignet ist. Wir können auch mit Hilfe eines Schlagzeugs oder einfach mit der Stimme Tempo und Rhythmus bestimmen. Im Anhang befindet sich ein geeignetes Lied (S. 127).

Mit der Serie füllen wir bis zu 10 Minuten der Übungszeit, weitere 15 verwenden wir auf das Einüben neuer Übungen, wobei wir uns wiederum nach dem Schwierigkeitsgrad, den vorhandenen Gegenständen und dem Wetter richten. Wieviele neue Übungen in Angriff genommen werden können, bestimmt die Aufmerksamkeitsspanne, die Geduld und die Geschicklichkeit des Kindes. Oft werden wir uns mit *einer* neuen Übung zufrieden geben. Auf keinen Fall versuchen wir, ein Programm unbedingt zu Ende zu bringen.

Die letzten 5 Minuten sind dann einem sanften Ausklang (etwa Wiederholung besonders beliebter Übungen) und der Fußmassage gewidmet.

4. Allmählich können neu beherrschte Übungen in die Anfangsserie eingebaut oder ganz neue Serien zusammengestellt werden.

5. Haben wir bei der Vorbereitung einige Routine gewonnen, so können wir bei der Planung eine zusätzliche Dimension berücksichtigen. Die einzelnen Übungen sind nicht nur nach dem Schwierigkeitsgrad, sondern außerdem nach folgenden Gesichtspunkten bezeichnet:

Bm: Bei Übungen mit diesem Zeichen wird die Kräftigung der *Bauchmuskulatur* stark miteinbezogen.

Ge: Bei Übungen mit diesem Zeichen steht das Training der *Geschicklichkeit* im Vordergrund.

Gl: Bei Übungen mit diesem Zeichen üben wir besonders das *Gleichgewicht.*

Kb: Bei Übungen mit diesem Zeichen gehen wir besonders auf die Schulung des *Körperbewußtseins* ein.

Kr: Bei Übungen mit diesem Zeichen *kräftigen* wir die Fußmuskulatur in besonderem Maße.

Wenn es uns gelingt, sowohl in der Anfangsserie als auch in der folgenden Übungszeit mindestens eine Übung aus jeder dieser Gruppen einzuplanen, haben wir ein harmonisches Programm zusammengestellt.

6. Es kommt vor, daß sich ein Kind beim Ansehen der Bilder zu einer schwierigen Übung hingezogen fühlt oder eine Vorliebe für ein Gerät entwickelt, mit dem es dann auch gleich alle Übungen ausprobieren möchte. In solchen Fällen leistet der Anhang (S. 129) gute Dienste. Er zeigt, welche Vorübungen nötig sind, um eine als ○ oder ● gekennzeichnete Übung in Angriff nehmen zu können.

Übungsteil

Wir gehen auf den Zehenspitzen.

Je höher wir uns strecken, umso schöner ist es.

Manchmal können wir auch die Füße leicht nach außen drehen.

○

Gl Kr

2

Wir gehen auf den Fersen, erst eine kürzere, dann eine längere Strecke.

In der Schlange macht es mehr Spaß.

O

Gl Kr

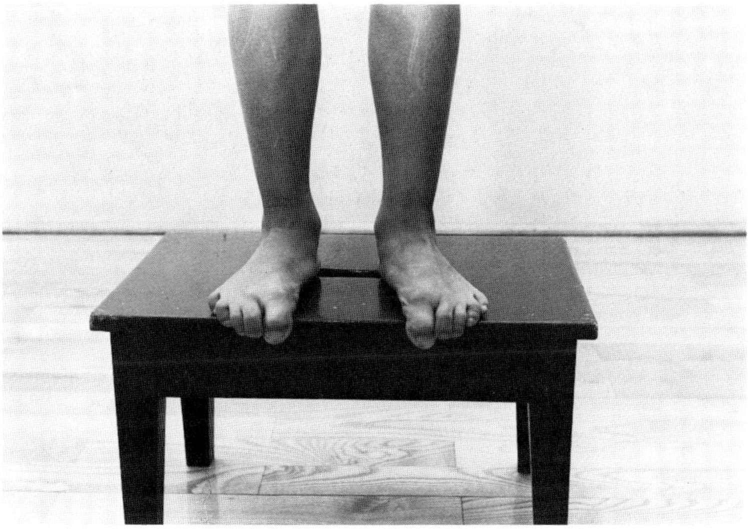

3

Wir stehen auf dem Stuhl und halten uns an der Kante fest: wir lernen krallen.

Wenn wir es können, geht es auch auf dem Fußboden.

Wie fest das Kind krallt, sieht die Mutter an den hervorstehenden Zehengelenken.

Kr

4

Wenn Mario fest krallt, hört Eva, wie er den Boden kratzt.

Verschiedene Unterlagen ergeben unterschiedliche, interessante Geräusche.

O

Kb Kr

Unsere Füße kriechen vorwärts wie eine Raupe.

Abwechselnd krallen wir die Zehen des rechten und linken Fußes. Die Fußsohle bleibt fest auf dem Boden.

Ganz leicht geht es im Sitzen mit einem Fuß.

Kr

6

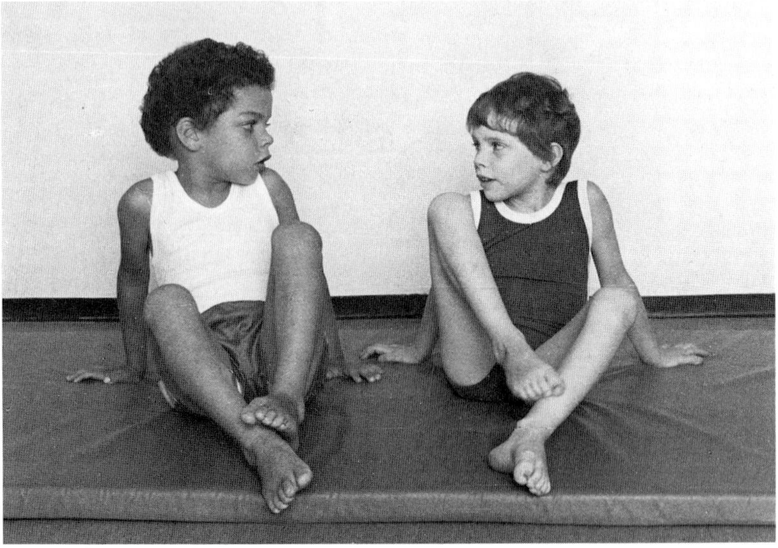

Wir reiben mit der ganzen Fußsohle am anderen Bein auf und ab.

Reiben wir fester, werden die Beine warm.

Kr

7

Im Sitz reiben und klatschen wir die Fußsohlen aneinander, „waschen“ die Füße wie Hände, und lassen die Füße sich streicheln und kitzeln.

Flotte Musik macht es lustiger (S. 127).

Bm Kr

8

Wir gehen auf Händen und Füßen wie ein Bär.
Diese und die 5 folgenden Übungen sind besonders lustig, wenn sie von einem Lied begleitet werden (siehe z. B. S. 127).

O

Ge Kr

9

Wir gehen in der Hocke wie eine Ente. Wir versuchen, mit der ganzen Fußsohle aufzutreten.

Zunächst darf sich das Kind mit den Händen abstützen. Später gelingt es sicher, die Hände als Schwänzchen auf den Rücken zu legen.

O

Ge Gl Kr

10

Wir hüpfen in der Hocke wie ein Hase.
Die Zeigefinger sind seine Ohren.

Versuchen wir, den Rücken dabei gerade zu halten.

● Ge Gl Kr

11

Wir gehen wie ein Storch, der bei jedem Schritt das Bein weit hoch hebt.

Schwerer ist es, dabei auf einer Linie zu gehen.

O

Bm Gl

12

Hier sitzen zwei Frösche.

Jetzt hüpft einer mit langen Strecksprüngen davon.

● Ge Gl Kr

Wir stehen auf den Zehenspitzen und lassen die Fersen abwechselnd leise zum Boden sinken. Der Körper bewegt sich dabei auf und ab.

Singen wir ein Lied dazu, wird die Bewegung locker und rhythmisch.

O

Kr

14

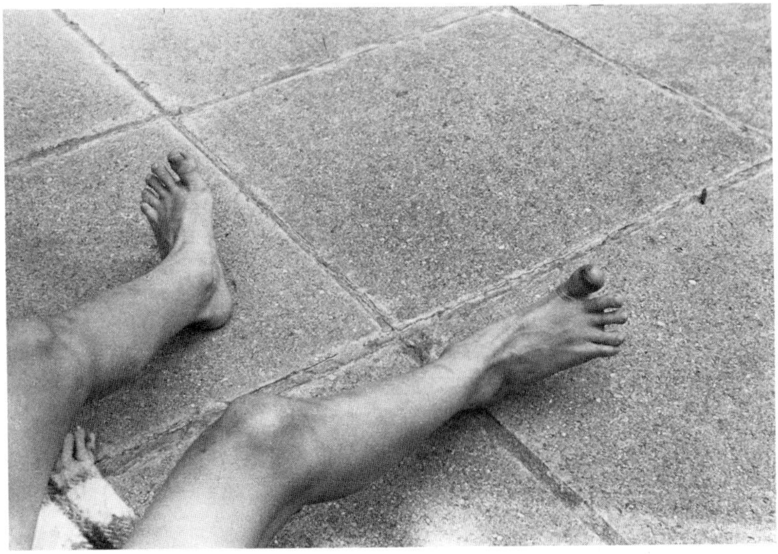

Wir spreizen die Zehen auseinander wie einen Fächer.

O

Ge

Eva steht abwechselnd auf den Fersen und auf den Zehenspitzen. Sie schaukelt auf den Füßen vor und zurück.

Anfangs ist es schwer, dabei gerade zu bleiben.

O

Gl Kr

16

Eva steht gerade wie ein Baum.

Gl

Eva kann Papa rückwärts schieben, wenn er sich nicht zu schwer macht.

Jetzt läßt auch sie sich von Mario ganz langsam wegdrücken.

O

Kb Kr

18

Mario ist ein schwerer Wagen. Er darf aber nur so schwer sein, daß Eva ihn gerade noch ziehen kann.

●

Kb Kr

Eva darf auf Margarethes Füßen mitgehen.

O

Ge Kb

20

Eva darf am Papa hochsteigen bis auf seine Schultern.

O

Ge Kr

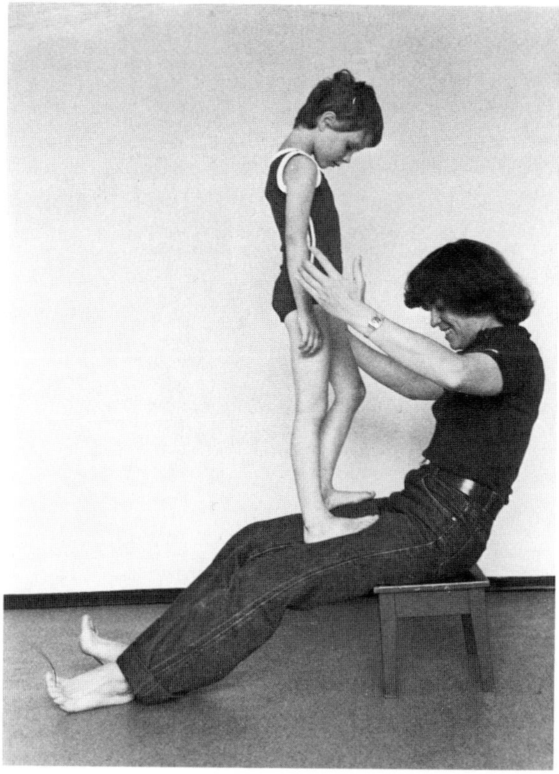

Margarethe bewegt sachte die Oberschenkel. Eva versucht, frei darauf zu stehen.

GI

22

Mario klettert auf Papas Schultern und versucht, frei darauf zu stehen.

GI

Eva balanciert auf Papas Rücken.

GI

24

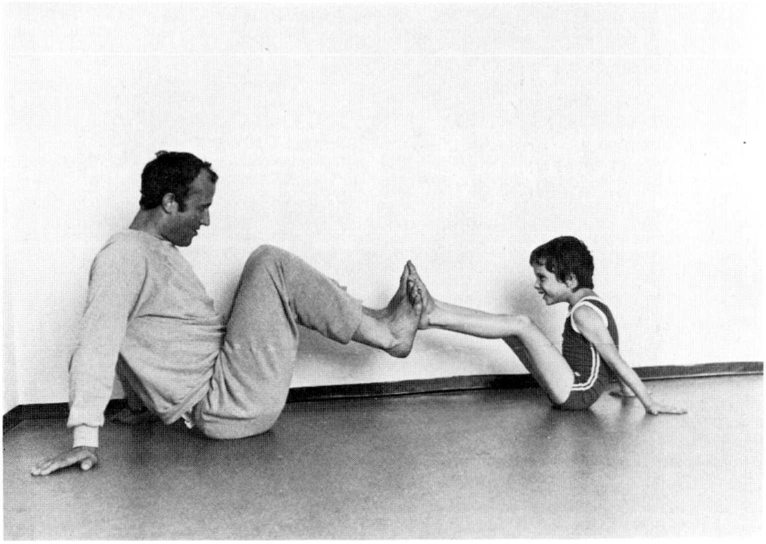

Wir legen die Fußsohlen aneinander und pumpen hin und her.

O

Bm Ge Kb

25

Wir legen die Fußsohlen aneinander und bewegen die Beine wie beim Fahrradfahren.

Besonders gut ist es, wenn wir die Fußsohlen dabei schön zusammenhalten!

Bm Ge Kb ●

26

Margarethe und Eva probieren aus, in welchen Stellungen sie die Fußsohlen aneinanderbringen können. Erfindet Ihr noch mehr?

O

Ge Kb

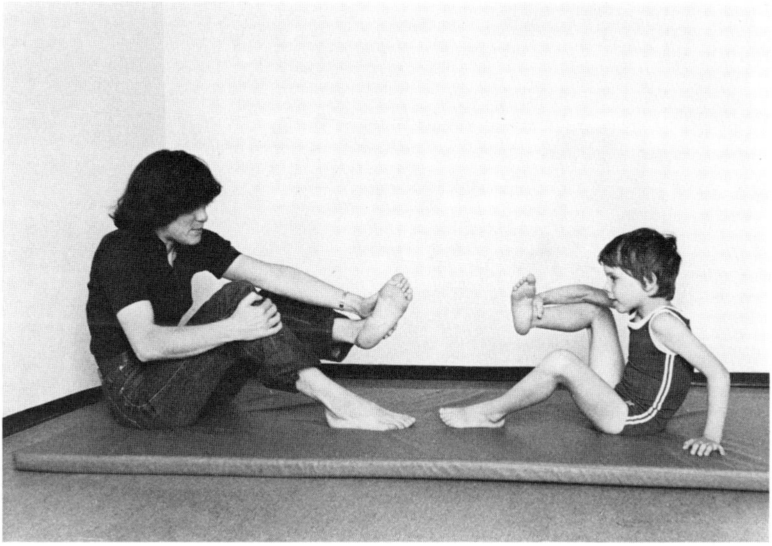

Margarethe macht eine Bewegung mit dem Fuß. Eva ahmt sie wie ein Spiegel nach. Dann ist Margarethe der Spiegel.

Hier können Lieblingsübungen wiederholt werden, z. B. Klatschen, Winken usw.

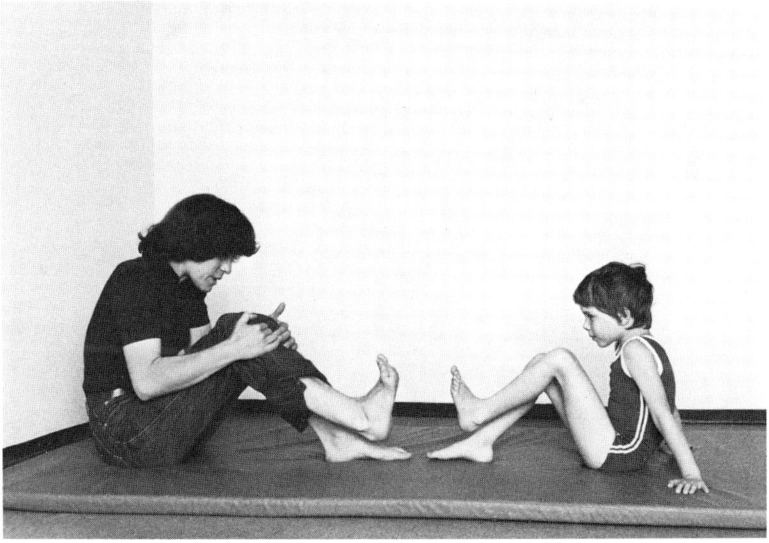

○ ●

Ge Kb

28

Wir spielen Turmbauen mit den Füßen wie mit den Händen. Der unterste Fuß wird herausgezogen und wieder oben auf den Turm gelegt.

O

Ge Kb

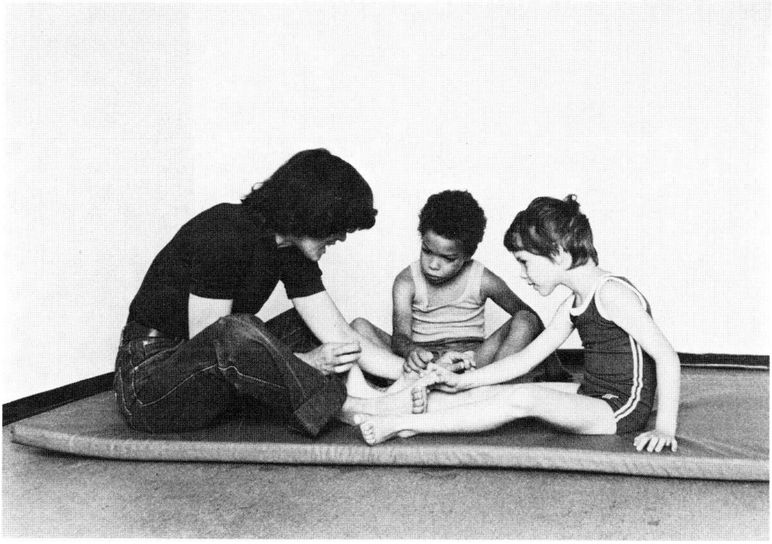

Wir legen unsere Füße durcheinander. Dann versuchen wir, z. B. den großen, den kleinen, oder den mittleren Zeh eines anderen zu fassen.

Ist es vielleicht leichter, den eigenen zu finden?

O

Kb

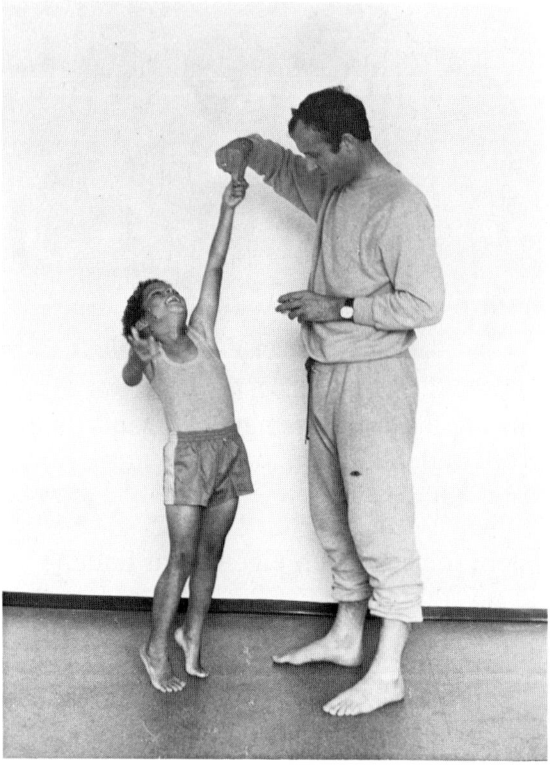

Mario holt sich etwas aus Papas Hand.

○

Gl Kr

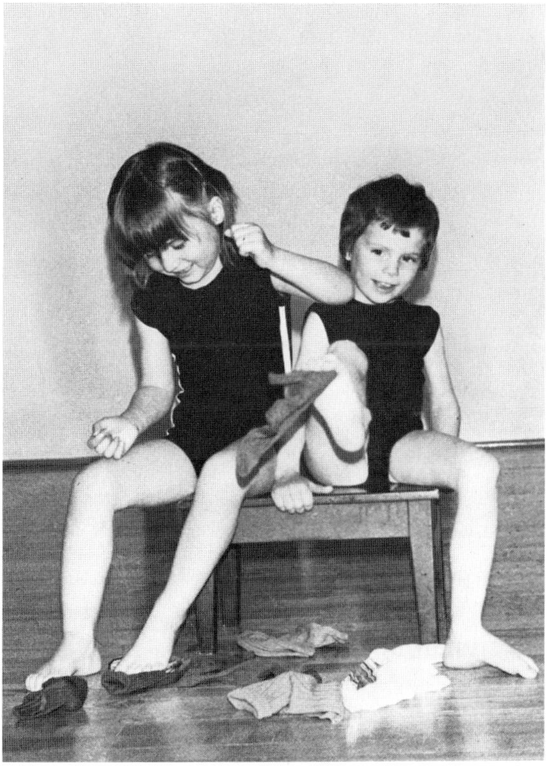

Wir heben Socken, Taschentücher, Puppenkleider oder Stoffetzen mit den Zehen auf und winken damit.

Wir können sie auch in einen Karton räumen.

○

Ge Kr

32

Wir sammeln ungefähr zehn kleine Gegenstände. Mit beiden Füßen gleichzeitig heben wir sie alle der Reihe nach mindestens einmal hoch in die Luft.

O

Bm Kr

Wir räumen Legoteile oder andere kleine Spielsachen in einen Behälter.

Im Sitzen geht es sehr leicht.

○
O

Ge Gl

34

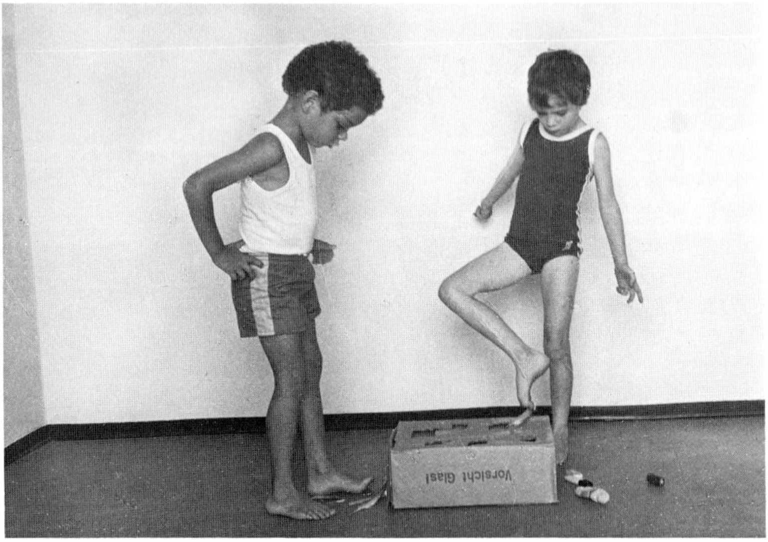

Wir stecken kleine Gegenstände durch die Löcher im Karton.

O

Ge Gl

Wir stecken einen Satz Becher ineinander.

O

Ge Gl

36

Die Kinder reichen sich mit den Füßen kleine Gegenstände. Gut geht es mit Pfeifenputzern.

O

Ge

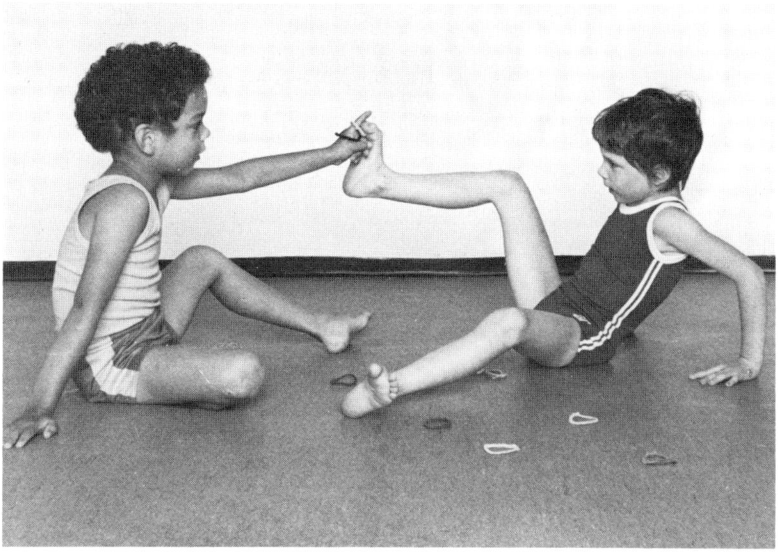

Wir formen aus Pfeifenputzern Ringe, die wir mit den Zehen aufheben und dem anderen auf den Zeigefinger stecken.

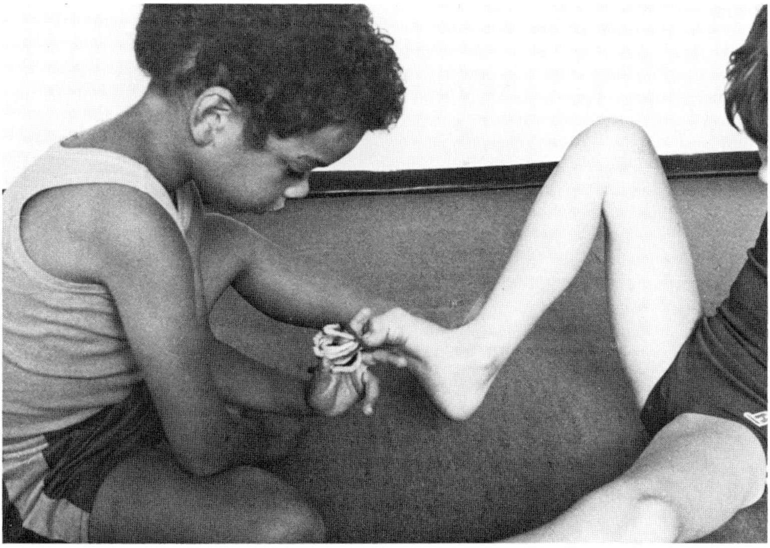

O

38

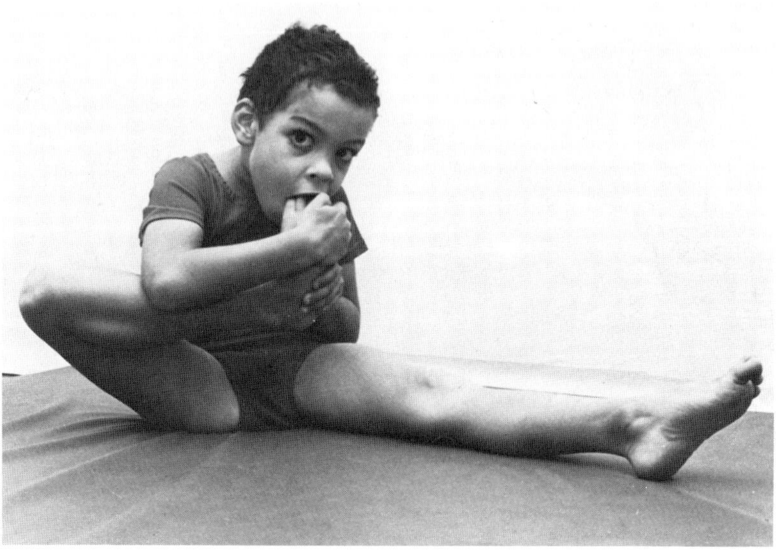

Mario hat eine Haselnuß mit den Zehen aufgehoben und ißt sie gleich auf!

● Bm Ge

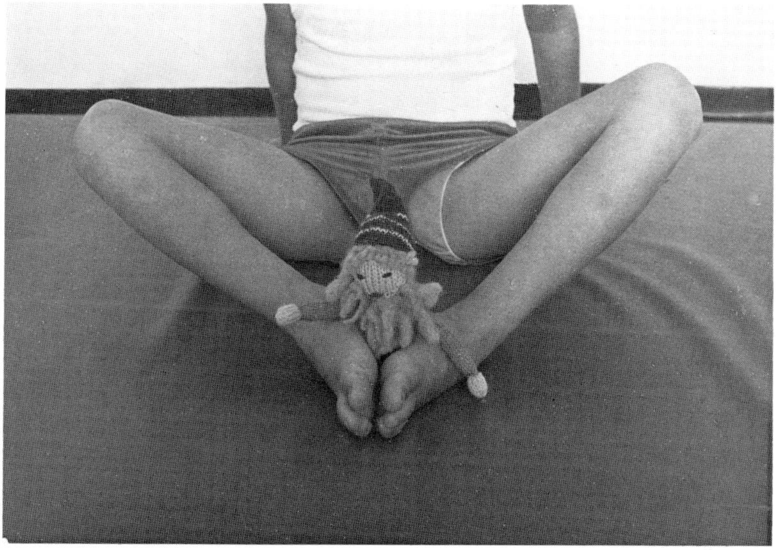

Wenn wir die Fußsohlen aneinander drücken, haben wir ein Schiff für ein Männchen.

Heben wir abwechselnd Fersen und Spitzen, schaukelt das Schiff.

O

Ge

40

Die Kinder haben sechs Gegenstände ausgesucht, zum Beispiel glatte und rauhe, harte und weiche, runde und kantige.

Eva soll tasten und fühlen, welchen dieser Gegenstände Mario in der Hand hält.

Sie kann auch versuchen, einen Gegenstand zu erraten, den sie vorher nicht gesehen hat.

○

●

Kb

Wir zerreißen Papier mit den Füßen und räumen die Fetzen wieder weg.

Im Sitzen geht es leichter.

O

Ge Gl Kr

42

Eva spielt Schlagzeug auf einem Topf mit einem Schneebesen. Mario rasselt dazu.

Sicher findet Ihr noch andere Instrumente für Euer Konzert.

○

O

Bm Ge Kr

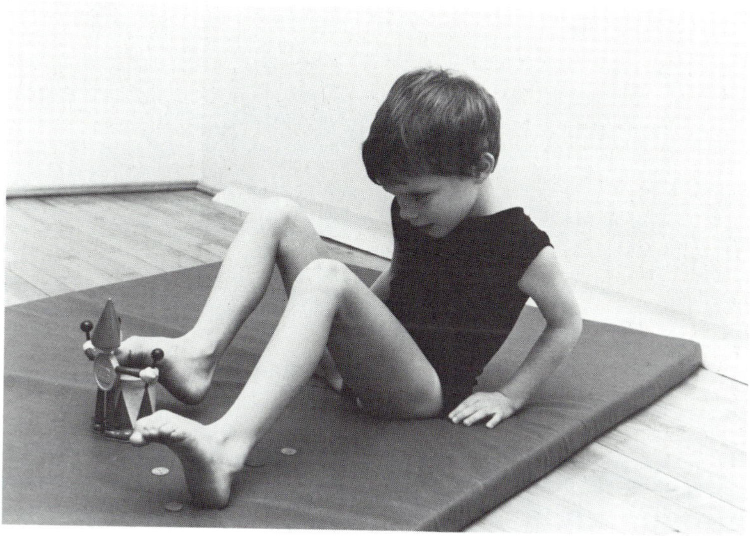

Eva füllt ihre Sparkasse mit den Füßen.

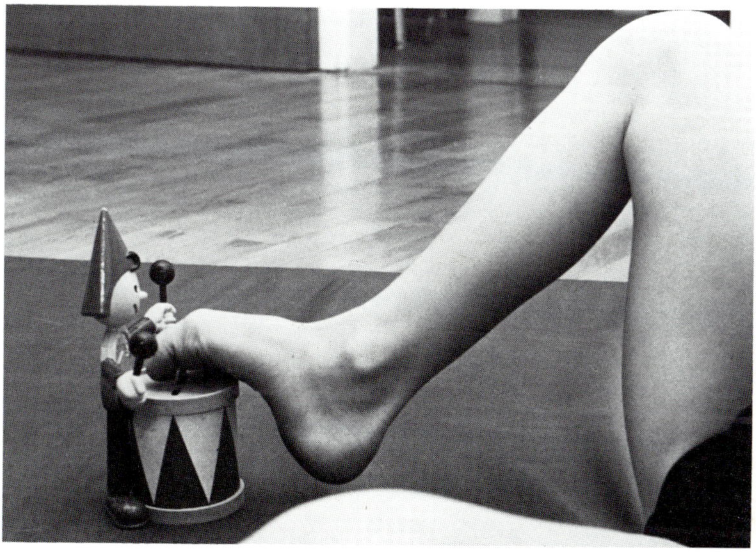

Ge

44

Wer ein Glockenspiel hat, kann mit den Füßen Lieder spielen.

● Ge

Eva blättert ein Pappbilderbuch um.

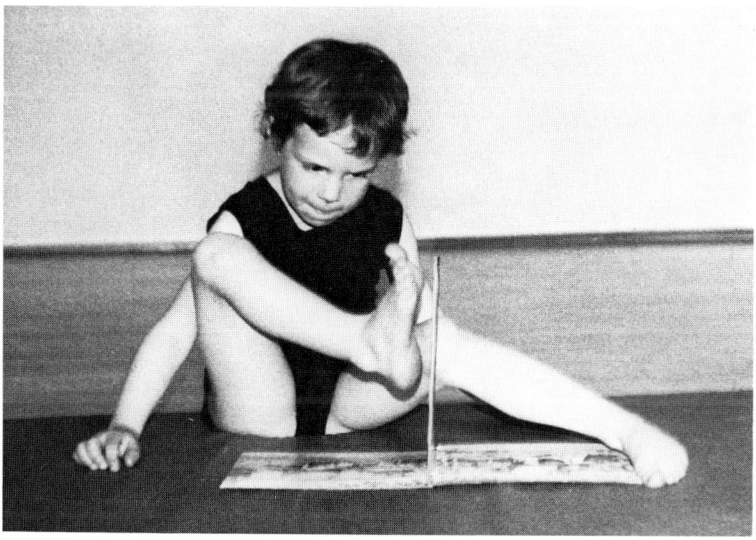

O

Ge

46

Eva blättert in einem alten Telefonbuch.

Wer versucht es, ohne sich dabei abzustützen?

● Bm Ge

Eva krallt ein Tuch unter ihre Fußsohlen.

Stellen wir ein schweres Spielzeug auf das Tuch, müssen die Füße kräftiger arbeiten.

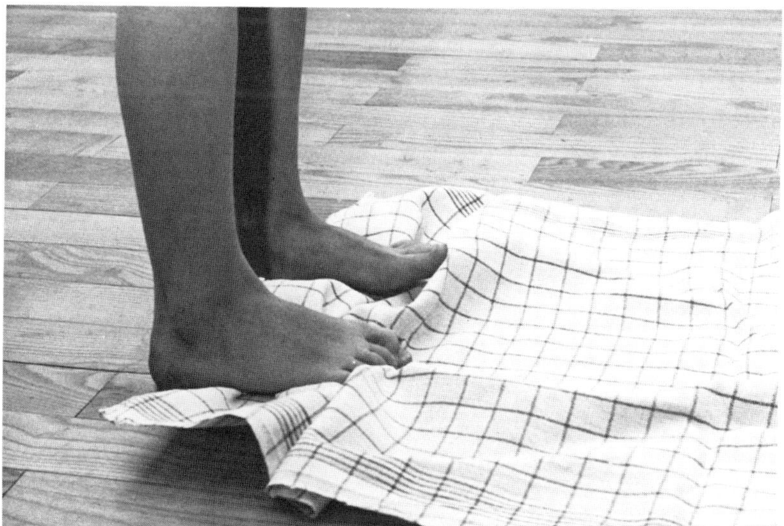

O

Ge Kr

48

Eva hebt mit den Zehen ein Tuch hoch. Sie „bläst“ die Wäsche trocken.

O

Bm Ge

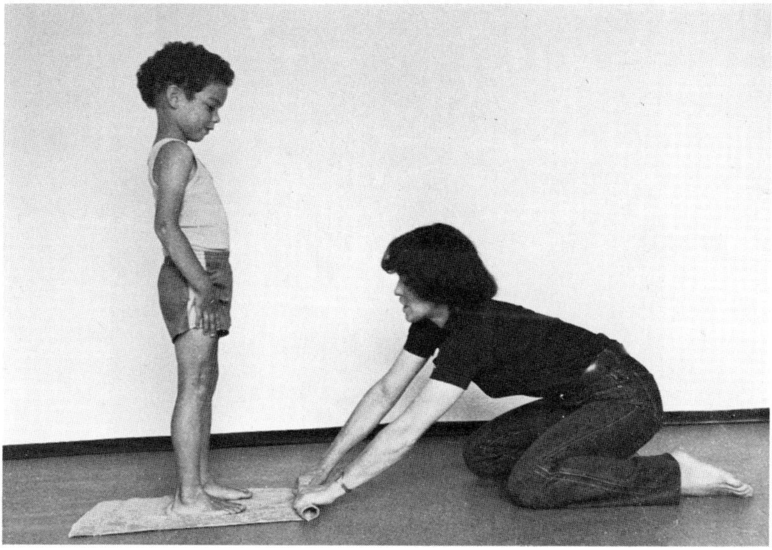

Margarethe zieht an Marios Tuch. Er gibt acht, daß er nicht umfällt.

Viel schwerer ist es, wenn er die Augen zumacht und nicht weiß, von welcher Seite sie ziehen wird.

Gl Kb

50

Eva wählt eine Nummer am Spielzeugtelefon mit dem großen Zeh.

Wenn das Telefon wackelt, kann es jemand mit den Füßen festhalten.

● Ge

Mario balanciert auf dem Stiel eines Besens. Kleinere Kinder halten wir an der Hand.

Wer wagt es mit geschlossenen Augen?

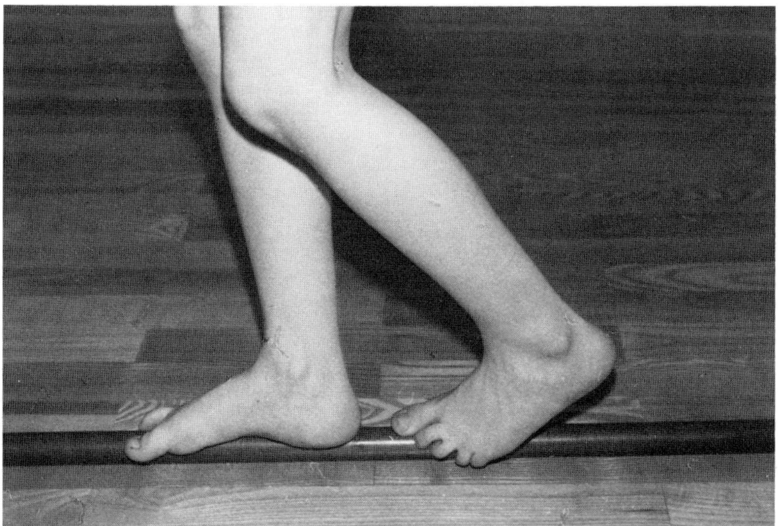

O

Gl Kr

52

Mario geht quer über einen Stab.

Fersen und Zehen berühren möglichst den Boden: der Fuß bildet eine Brücke. Wenn wir die Zehen fest krallen, tut es nicht weh.

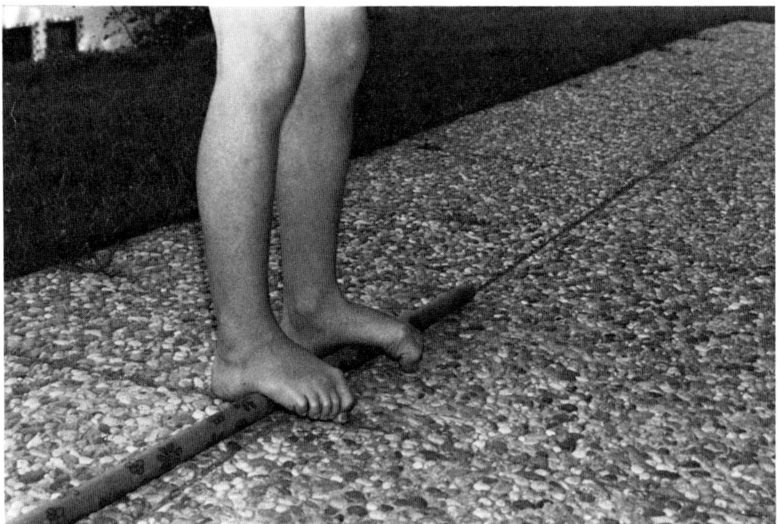

○

O

Ge Kr

Wir setzen die Fußsohlen fest auf den Stab und rollen ihn mit beiden Füßen gleichzeitig hin und her.

Dann tippen wir mit den Fersen und den Zehenspitzen abwechselnd über den Stab weg auf den Boden, ohne den Stab dabei zu berühren.

Ge Kr

54

Als Mario drei Jahre alt war, lernte er schon auf einer Linie zu gehen.

Die Fußsohle rollt von der Ferse bis zum mittleren Zeh über dem Strich ab.

O

Gl

Wir formen das Seil mit den Zehen zu einem Kreis oder anderen Figuren.

O

Ge Kr

56

Wir gehen auf einer Wellenlinie

auf einer Geraden über der Wellenlinie oder umgekehrt

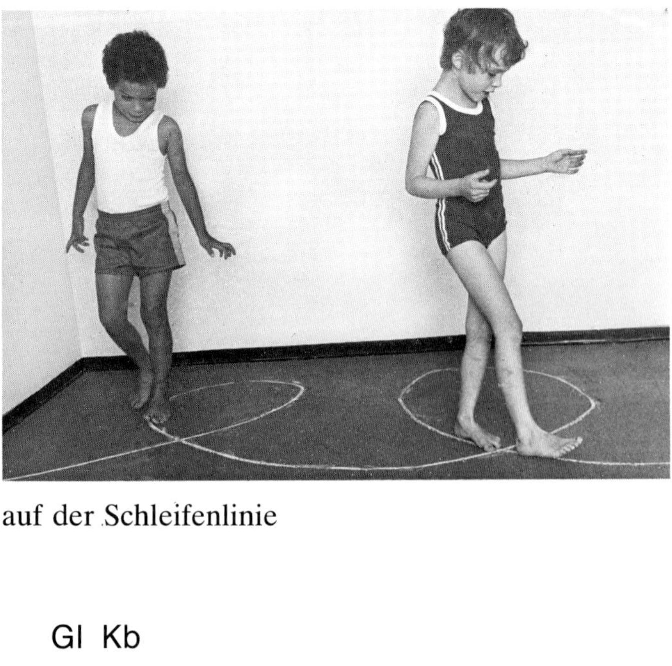

auf der Schleifenlinie

○

●

Gl Kb

Margarethe stellt Eva mit verbundenen Augen ab. Worauf? Auf der Decke? Auf der Zeitung? Oder ins Wasser?

○

Kb

58

Wir tauchen unsere Füße in gefärbtes Wasser (Wasserfarbe, Fingerfarbe) und gehen auf einer Tapetenrolle unterschiedliche Spuren:

- kleine Schritte
- große Schritte
- ein Muster aus kleinen und großen Schritten

Wir können diese Spuren immer wieder vorwärts oder auch rückwärts nachlaufen.

O

Ge Kb

Wir umgreifen den Ball mit den Fußsohlen, heben ihn ganz hoch und legen ihn wieder ab.

O

Bm Ge Kr

60

Wir werfen uns den Ball mit den Füßen zu.

Fassen wir den Ball dabei mit den Sohlen.

○

● Bm Ge Kr

Wir blasen Ballons auf, drehen sie zu und halten sie mit den Zehen fest. Auf Kommando lassen wir sie sausen.

Wir können auch versuchen, sie während eines kurzen Liedes festzuhalten.

Schwerer ist es, die Luft ganz, ganz langsam herauszulassen.

Bm Ge Kr

62

Eva hält zwei nicht zugebundene Ballons und schlägt sie aneinander.

● Ge Kr

63

Jörg hält mit jedem Fuß einen nicht zugebundenen Ballon fest und geht möglichst weit auf den Fersen.

Ge Gl Kr ●

64

Wir fassen mit den Zehen eine Perle und schieben sie auf der Schnur hin und her.

O

Ge

65

Wir waschen uns gegenseitig mit den Füßen den Rücken.

Ge

66

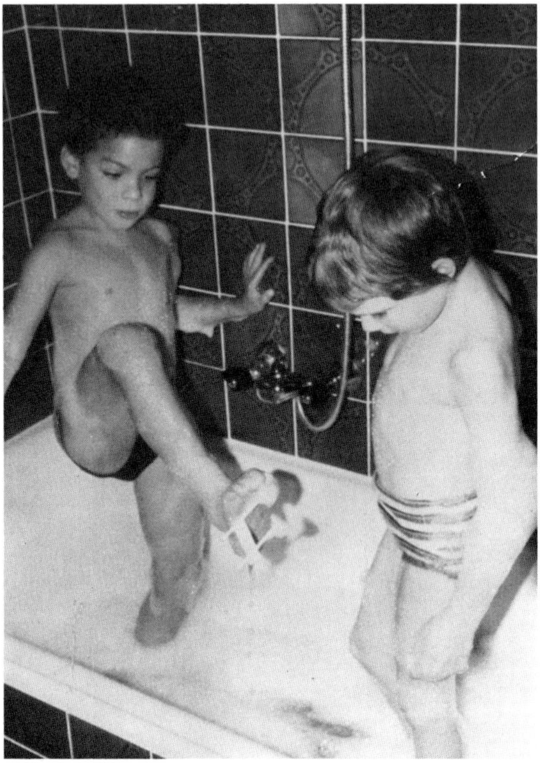

Unter dem Badeschaum sind kleine Gegenstände versteckt. Die Kinder angeln mit den Zehen danach.

Damit die Kinder nicht ausrutschen, legen wir eine Gummimatte in die Wanne.

O

Ge

67

Mario und Eva fischen nach Strohhalmen, die auf dem Badewasser schwimmen.

Damit die Kinder nicht ausrutschen, legen wir eine Gummimatte in die Wanne.

Ge Gl

Rolf geht auf dem Gartenschlauch spazieren. Er kann schon allein balancieren. Am Anfang dürft ihr Euch ruhig helfen lassen.

O

Gl Kr

Wir füllen einen Behälter mit kleinen Dingen, die wir draußen finden: Steinchen, Zweige usw.

Ge Gl

70

Wir sammeln Steinchen, Zweige oder Tannenzapfen und legen eine Reihe oder ein Muster.

○
O

Ge Gl Kr

Mario sucht etwas mit den Füßen, das Eva im Sand versteckt hat. Dazu hat sie auch nur die Füße benutzt.

Beim Suchen soll der Fuß behutsam in den Sand kriechen und ihn nicht einfach wegscharren.

Ge Kr

72

Unsere Füße verbuddeln sich im Sand.

Das geht im Stehen und im Sitzen.

O

Ge Kr

Die Kinder pflücken
Blumen.

Mit Löwenzahn geht es am
leichtesten.

O

Ge Gl Kr

74

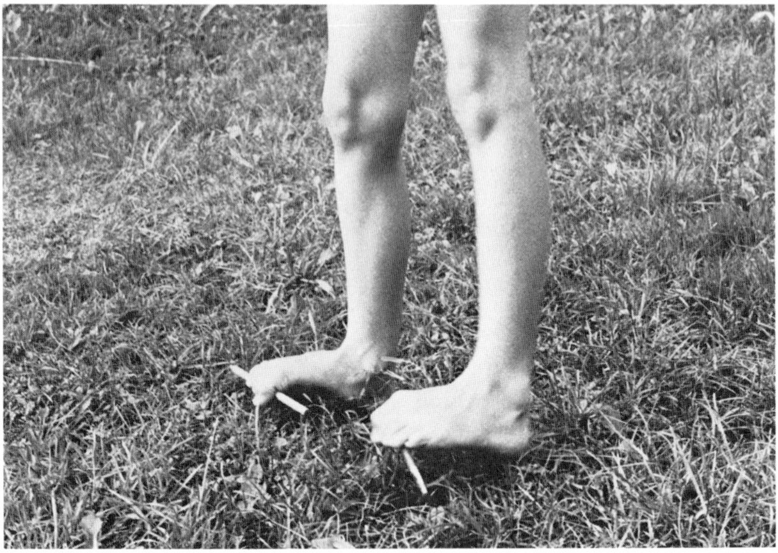

Wir gehen auf den Fersen im Gras und halten dabei Blumen oder Zweige mit den Zehen fest.

● Ge Gl Kr

Jörg springt Seilchen im Gras.

Vermeiden wir diese Übung auf hartem Boden!

O

Ge Kr

76

Mario führt die „blinde“ Eva durch den Garten. Ob sie fühlt, worauf sie tritt?

Vielleicht macht Ihr ein Gedächtnisspiel: der Blinde merkt sich den Weg und muß ihn nachher erzählen.

Kb

Die Kinder heben Steinchen auf

und schmeißen sie ins Wasser.

O

Ge Gl Kr

78

Wer sich traut, mit den Zehen zu „angeln“, findet manche Überraschung im Wasser!

O

Ge Gl Kr

Wer traut sich, barfuß durch den Schnee zu laufen?

Kb

Fußmassage

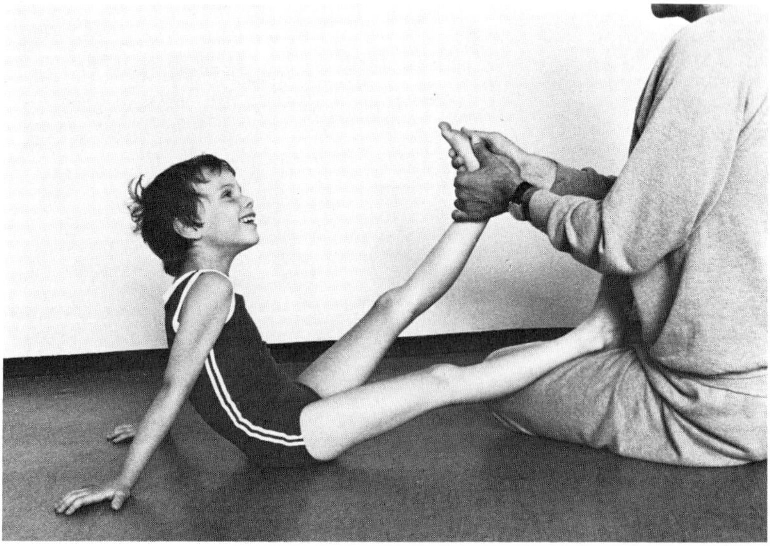

Eine Fußmassage ist sehr angenehm.

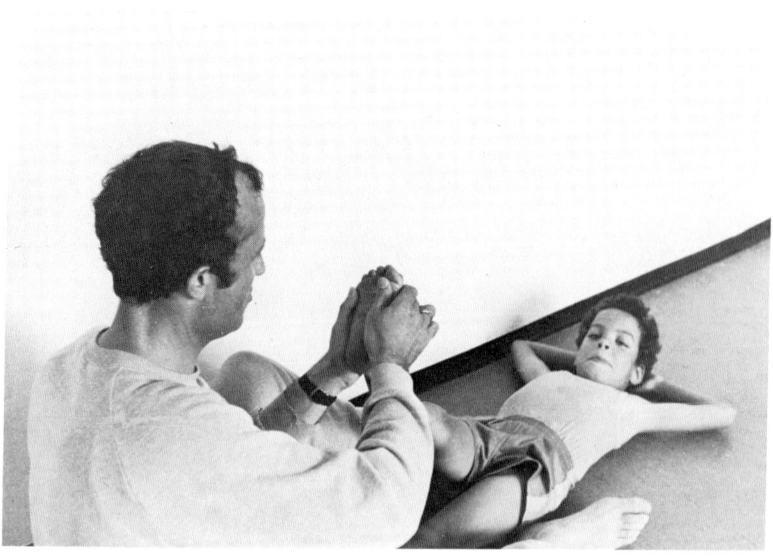

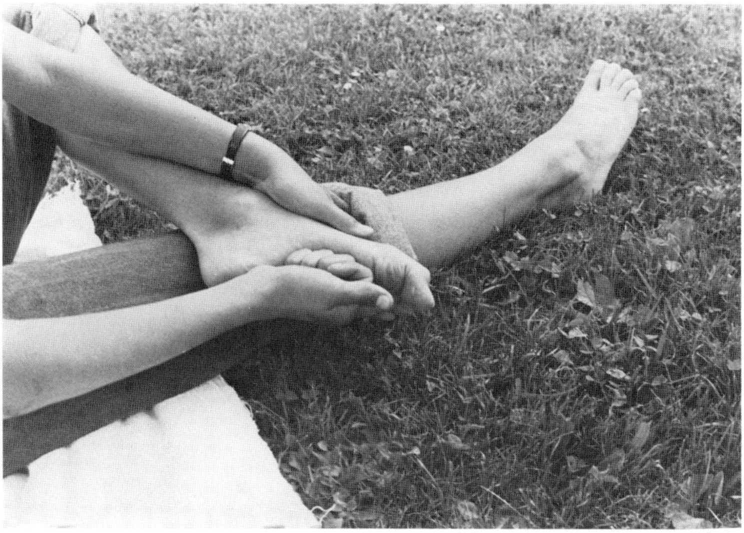

Wir können auch lernen, unsere Füße selbst zu massieren.

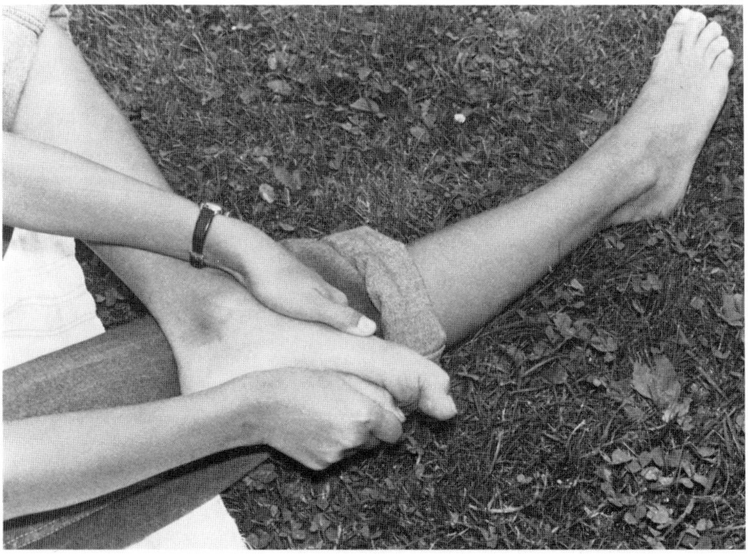

1. Zuerst fahren wir mit der Faust, dann mit dem Daumenballen kräftig am Innenrand der Fußsohle den Konturen des Längsgewölbes nach. Sehr angenehm empfinden wir die Reibung auf der Fußsohle, die wir stärker und schwächer, schneller und langsamer werden lassen.

2. Genauso massieren wir auch das äußere Längsgewölbe.

3. Beide Hände umgreifen nun den Fuß, und die Daumen kneten in kreisenden Bewegungen das Quergewölbe auf der Fußsohle durch. Dem wechselnden Druck gibt der Fuß weich nach.

4. Die Zehenkuppen massieren wir genauso.

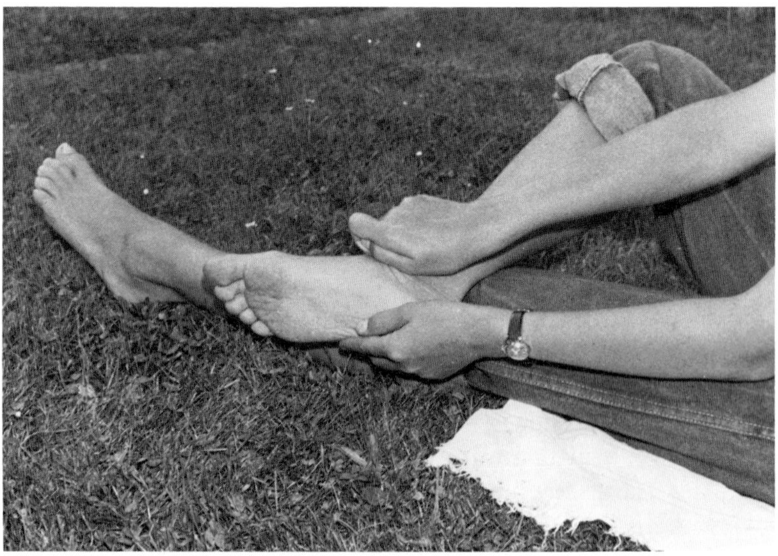

5. Um den inneren und äußeren Knöchel und um die Ferse herum kneten und massieren wir weich mit dem Daumenballen oder mit den Fingern.

6. Streichen wir nun wiederholt mit weichen, sich dem Fuß eng anschmiegenden Handflächen von den Zehen über den Knöchel weg bis zur Wade hoch.

7. Probieren wir, ob der Fuß jetzt entspannt ist: wir umfassen mit beiden Händen den Knöchel und schütteln den Fuß kräftig durch.

Anhang

Wettspiele

Viele der Übungen eignen sich als Wettspiel, z. B.:

5, 8–12, 31–33, 34, 35, 47, 60, 61, 63, 67, 69, 72

Nicht als Wettspiel sollen durchgeführt werden:

Alle Übungen mit dem Zeichen Kb, weil hier nicht Geschicklichkeit, sondern Körperbewußtsein geschult werden soll. Im Eifer eines Wettspiels aber kann sich das Kind nicht auf seinen Körper konzentrieren und jene fein differenzierten Reize wahrnehmen, um die es bei diesen Übungen geht.

Gruppenspiele

1

Die Kinder bilden einen Kreis um einen Reifen oder einen Ring aus einem Seil.

Der Anführer tippt nun mit der Fußspitze oder der Ferse *rhythmisch* in den Reifen und die übrigen Kinder versuchen, in diesen Rhythmus mit einzufallen. Zum Erlernen muß sicher ein Erwachsener der Anführer sein.

Zuerst schauen wir dabei auf die Füße, dann schauen wir uns in die Augen. Ganz schwer ist es, wenn wir dabei wegschauen.

2

Jeder sitzt oder steht vor einem Reifen oder Kreis aus einem Seilchen. Auf Kommando des Erwachsenen, später eines Kindes, wird mit einem exakt benannten Körperteil in den Reifen getippt: z. B. mit der linken Ferse, dem rechten Knie, dem rechten Ellenbogen, Po, Stirn usw.

Steigerung: (kreativitätsfördernd) Jeder darf frei nach Wahl mit einem beliebigen Körperteil in den Kreis tippen, *außer* einem vom Anführer benannten.

3

Die Kinder bewegen sich frei im Raum:
- vorwärts
- rückwärts
- auf den Zehenspitzen
- auf den Fersen
- wie ein Flieger mit ausgebreiteten Armen
- schnell oder langsam

jeweils nach Kommando des Anführers.

Sie versuchen, sich nicht gegenseitig anzustoßen.

4

Die Kinder bilden eine Schlange und laufen frei im Raum. Der Anführer muß darauf achten, daß sich die Schlange nicht selbst über den Weg läuft. Je mehr Kinder mitmachen, desto schwerer, aber auch schöner ist das Spiel.

Zur Abwechslung bestimmt ein Anführer die Gangart, z. B. Gehen auf den Zehen, Fersen, wie ein Storch, usw.

5

Die Kinder laufen frei im Raum nach dem Kommando eines Anführers: auf den Zehenspitzen, auf den Fersen, wie ein Hase, usw. Der Anführer klopft rhythmisch dazu auf einem Tamburin oder auch in die Hände.

Steigerung: Vorher vereinbarte Symbole ersetzen die Benennung der Gangart. So kann 1 Schlag Zehengang bedeuten, 2 Schläge Fersengang usw. Langsam steigern.

6

Die Kinder sitzen im Kreis und versuchen, sich gegenseitig mit einem Ball zu treffen. Natürlich werfen sie nur mit den Füßen. Wer am meisten „abschießt", hat gewonnen. Wer den Ball mit den Händen berührt, scheidet aus.

7

Die Kinder sitzen in einer Schlange hintereinander mit etwas Abstand.

Der erste hebt den Ball mit beiden Füßen nach rückwärts über den Kopf zu seinem Hintermann. Hat der letzte den Ball, darf er ihn nach vorne tragen und rückwärts weitergeben.

Das Spiel kann bei genügender Kinderzahl auch in mehreren Mannschaften als Wettspiel gespielt werden.

8

Die Kinder sitzen im Kreis und reichen sich mit den Füßen den Ball weiter, eventuell zu einem Lied (S. 127).

Zur Abwechslung kann auch ein Richtungswechsel auf Kommando vorgenommen werden.

9

Zwei oder mehrere Mannschaften bekommen die gleiche Anzahl möglichst gleicher Gegenstände. Diese müssen sie mit den Füßen einmal durch die Mannschaft reichen. Die schnellere Mannschaft hat gewonnen.

10

Die Kinder räumen ihre Spielsachen mit den Füßen auf. Jedem Kind oder jeder Gruppe kann eine Spielzeugart zum Aufräumen genannt werden: die Bausteine, die Stifte, die Puppensachen usw.

Lieder

1

2 (Zu Übung 36)

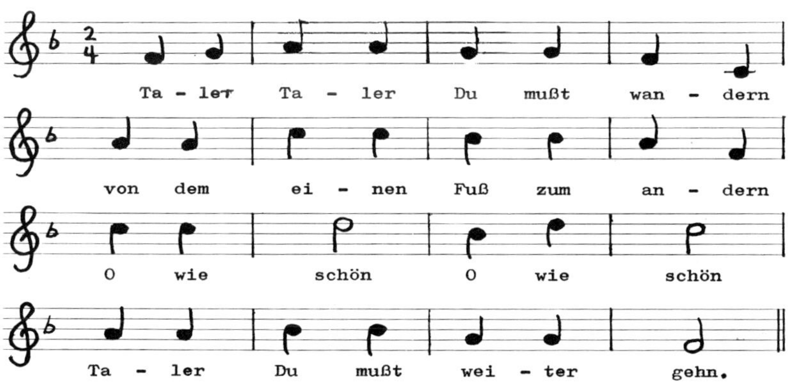

3 (Zu Übung 10)

4 (Zu Übung 9)

Vorübungen

Vorübungen zu den mit ● (schwer) gekennzeichneten Übungen:

10 – 9
12 – 9
16 – 11, 51
18 – 17
21 – 15, 19
22 – 15, 20
23 – 49, 51
25 – 24, 26
27 – 28
38 – 32, 48
40 – 57
43 – 37
44 – 42
46 – 45, 3
49 – 15, 54
50 – 64
56 – 54, 55
60 – 59
61 – 32, (3, 31 = ○)
62 – 32 (7 = ○)
63 – 2, 32 (3 = ○)
67 – 32, 33 (31 = ○)
74 – 2, 32, 73

Vorübungen zu den mit ○ (mittel) gekennzeichneten Übungen:

2 – 8
5 – 3, 4
9 – 8
11 – 1, 30
13 – 1
14 – 31
15 – 53
17 – 76
19 – 57
20 – 8, 53
24 – 53
26 – 57
27 – 57
28 – 7
29 – 7
32 – 3, 31
33 – 3, 31
34 – 3, 33
35 – 3, 33
36 – 31
37 – 33
39 – 6
40 – 57
41 – 33
42 – 33
44 – 33
45 – 3, 6
47 – 3
48 – 3, 31
49 – 53, 57
51 – 54
52 – 53
54 – 1, 30
55 – 31
56 – 54
58 – 54, 57
59 – 6, 65
60 – 59, 6
61 – 3, 31
64 – 6, 31
66 – 31, 57
68 – 54
70 – 31
72 – 3
73 – 3, 31
75 – 1, 31
76 – 57
77 – 31
78 – 31, 76

Literatur

Ayres, A. J.: Bausteine der kindlichen Entwicklung. Springer, Berlin 1984

Bernbeck, R.: Kinderorthopädie. Thieme, Stuttgart 1976

Brooks, C. V. W.: Erleben durch die Sinne. Jungfermann, Paderborn 1987

Brown, Ch.: Mein linker Fuß. Heussel, Berlin 1979

Diem, L.: Die Fuß-Fibel. Limpert, Bad Homburg 1979

Hall, G. J.: Healthy Feet for All. 3rd ed. Health for all publishing Co., 1969

Henseler, B.: Walking, Freude am Gehen. Kösel, München 1990

Jacobs, D.: Die menschliche Bewegung. Henn, Ratingen, Pastellaun, Düsseldorf 1972

Jacoby, H.: Jenseits von Begabt und Unbegabt. Christians-Verlag, Hamburg 1980

Jentschura, G.: Haltungsschäden bei Kindern und Jugendlichen. Enke, Stuttgart 1977

Kiphard, E. J.: Bewegungs- und Koordinationsschwächen im Grundschulalter. Hofmann, Schorndorf 1973

Klein-Vogelbach, S.: Funktionelle Bewegungslehre. Springer, Berlin, Heidelberg, New York 1977

Kochner, G.: Haltungsschäden und ihre Bekämpfung. Limpert, Frankfurt/M. 1966

Maier, E.: Die Grenzen des Normalen und die Beurteilung der Fehlhaltungen beim Fuß des Kindes. Der öffentliche Gesundheitsdienst Jg. 23,4/1961

Maier, E.: Der nicht behandlungsbedürftige Kinderfuß. Z. Orthopädie Bd. 105,4/1968

Maier, E.: Der Fuß. 2. Aufl. Elefanten-Schuh GmbH, Kleve 1979

Möckelmann, H. v.: Leibeserziehung und jugendliche Entwicklung. Hofmann, Schorndorf 1964

Neumann, O.: Die leibseelische Entwicklung im Jugendalter. Barth, München 1964

Pickler, E.: Laß mir Zeit. Pflaum, München 1989

Prudden, B.: Spiel mit mir – turn mit mir. Zsolnay, Wien, Hamburg 1965

Roberts, E. H.: On your feet. Pyramid books, New York 1975

Scharll, M.: Orthopädische Krankengymnastik. 3. Aufl. Thieme, Stuttgart 1965

Scharll, M.: So lernt das Kind sich gut zu halten. Thieme, Stuttgart 1966

Scharll, M.: Fußgymnastik mit Kindern. 12. Aufl. Thieme, Stuttgart 1975

Schede, F.: Grundlagen der körperlichen Erziehung. Enke, Stuttgart 1969

Schmidt, H.: Orthopädie im Sport. Ambrosius, Leipzig 1972

Triebel-Thome, A.: Feldenkrais. Gräfe und Unzer, München 1989

Vorderwülbecke, H., Vorderwülbecke, M.: Gymnastik und Spiel mit unseren Kleinen. DTV für Eltern, München 1973

Zauner, R.: Turnen mit Kindern. 3. Aufl. Maier, Ravensburg 1972